●指導者のみなさまへ●

得点に応じて，金メダル・銀メダルをはってあげましょう。
勉強のはげみになるよう，このシールを上手に利用してください。

since 1890
受験研究社

小学 標準問題集 2年 国語 読解力

この本の特色 ―指導される方々へ

① 基礎から応用まで3ステップ式で構成されているので、国語の読解問題が苦手な児童も無理なく実力アップがはかれます。

② 国語の出題の中心である読解問題を集中的に学習することができ、テストで確実な得点アップが見込めます。

③ 答え（別冊）の「考え方」や「ここに注意」では、問題のくわしい解き方や注意すべきポイントが示されているので、十分に理解しながら学習を進めることができます。

もくじ

答え………別冊

1 言葉《ことば》の意味《いみ》

学習のねらい

言葉の意味は、読む、書くなど、基本的な学習に必要な知識です。分からない言葉は辞書などで調べる習慣をつけて身につけます。

べん強した日　月　日

ステップ1

1 つぎの ——線《せん》の 言葉《ことば》の 意味《いみ》を あと から えらび、記号《きごう》で 答《こた》えましょう。

① にわかに 黒《くろ》い くもが 広《ひろ》がった。（　）

② まったく 知《し》らない 場所《ばしょ》に ついた。（　）

③ 当分《とうぶん》は 家《いえ》で 休んで ください。（　）

④ この 服《ふく》は しっくり しない。（　）

ア ぴったり　イ しばらくの あいだ

ウ ぜんぜん　エ きゅうに

2 つぎの ——線の 言葉の 意味を、あと から えらび、記号で 答えましょう。

① とつぜん、雨が ふりだした。（　）

ア たくさん　イ まったく

ウ きゅうに　エ 少し

② おそらく 明日《あす》は 晴《は》れるでしょう。（　）

ア かならず　イ たぶん

ウ かんぜんに　エ すっかり

③ ちょくせつ 会《あ》いに 行《い》く。（　）

ア わざわざ　イ まっすぐ

ウ 遠《とお》くへ　エ じかに

④ せっかく お店《みせ》に 行ったのに お休みだった。（　）

ア わざわざ　イ 歩《ある》いて

ウ 遠くから　エ 楽《たの》しみに

3 つぎの ――線の 言葉の 意味を、あとから えらび、記号で 答えましょう。

① はじめての ことで とまどう。
ア よろこぶ　イ はりきる　ウ てれる　エ まごつく
（　　）

② しょうじきに 言《い》うべきか ためらう。
ア まよう　イ 決《き》める　ウ 教《おし》える　エ 考《かんが》える
（　　）

③ べつの やりかたを こころみる。
ア 作《つく》る　イ 教える　ウ 考える　エ ためす
（　　）

④ 体《からだ》の ちょうしが おかしい。
ア よい　イ おもしろい　ウ へんだ　エ 正しい
（　　）

⑤ この 魚《さかな》は しんせんだ。
ア 新《あたら》しい　イ おいしい　ウ 安《やす》い　エ 古い
（　　）

---

4 つぎの ――線の 言葉の 意味を、あとから えらび、記号で 答えましょう。

① さいごまで きぼうを もつ。
ア 目ひょう　イ やる気　ウ のぞみ　エ 元気《げんき》
（　　）

② しょうらいの ゆめを 話《はな》す。
ア むかし　イ みらい　ウ 楽しい　エ 自分《じぶん》
（　　）

③ じこの げんいんを 調《しら》べる。
ア りゆう　イ はん人　ウ ぼうし　エ たんとう
（　　）

④ ゆとりの ある 生活《せいかつ》。
ア もんだい　イ しゅみ　ウ 決まり　エ よゆう
（　　）

⑤ おじいちゃんから たよりが とどく。
ア 手紙《てがみ》　イ 電話《でんわ》　ウ しゃしん　エ にもつ
（　　）

ステップ2

1 つぎの 文章《ぶんしょう》を 読《よ》んで、あとの 問《と》いに 答《こた》えましょう。

　ニサタの つのは、日が てっても くもっても、いつも ①まばゆい ひかりを はなって いました。

　しかの むれを ねらって やって くる おおかみや おじろわしたちは、その ふしぎな ひかりを 見て おそれを なし、しかたちを おそうのを あきらめて、どこかへ いって しまいました。

　②、しかの むれは、いつでも あんしんして 木の めや くさの みを たべながら、あっち こっちと うつりすむ ことが できました。

　でも みんなは、それが、ニサタの おかげだとは 気づきませんでした。それどころか、一とうだけ つのの いろの ちがう この しかを、みんなは ③きみわるがって、いつも ④のけものに して いました。

（安藤美紀夫《あんどうみきお》「金いろの つのの しか」）

(1) ――線《せん》①の、言葉《ことば》の 意味《いみ》を 答えましょう。（10点）

（　　　　）

(2) ② に あてはまる 言葉を つぎから えらび、記号《きごう》で 答えましょう。（10点）

ア それとも　イ しきりに

ウ おかげで　エ なのに

（　　　　）

(3) ――線③・④の 言葉の 意味を 答えましょう。（20点）

③（　　　　）

④（　　　　）

シール

べん強した日　月　日

時間	合かく点	とく点
25分	70点	点

2 つぎの 文章を 読んで、あとの 問いに 答えましょう。

「さあ。これから 大そうじを はじめるぞ」とばかり、その日の 夕がたまで かかって、うちじゅうの あちこちに おいて あった ガラクタを、のこらず、にわに はこびだした。

「うん。これで、ずいぶん ひろくなった」

ところが、うちの 中が きれいに かたづいた かわりに、にわには、ガラクタの 山が できて しまった。足の おれた テーブルに、ガタガタの いす。火の もえない ストーブに、かわの すりきれた ソファー。うごかない とけいに、口の かけた 花びん。まっくろに すすけた やかんに、もようの はげた おさら……。

「どうしよう。すてちゃおうか」

と、ガラクタを みながら、クロは ひとりごとを いった。

（小池《こいけ》タミ子《こ》「くろねこクロの日よう日」）

(1) ——線《せん》①と 同《おな》じ 意味の ものを えらび、記号で 答えましょう。(10点)

ア 時間《じかん》が かかる。　イ 水が かかる。

ウ 音楽《おんがく》が かかる。　エ 橋《はし》が かかる。

（　　）

(2) ——線②・③の 言葉の 意味を 答えましょう。(20点)

② （　　）

③ （　　）

(3) ——線④と 同じ 意味の 言葉を 記号で 答えましょう。(15点)

ア 少《すこ》し　イ かなり

ウ あまり　エ ぜんぜん

（　　）

(4) ——線⑤の 言葉の 意味を 答えましょう。(15点)

（　　）

2 表《ひょう》げんを つかむ

学習のねらい
文章を書く際には、様々な表現が用いられます。擬声語、擬態語や比喩表現などに注意しながら読み進められるように練習します。

べん強した日　月　日

ステップ1

1 つぎの□に あてはまる 言葉《ことば》を、あとから えらび、記号《きごう》で 答《こた》えましょう。

① 夏《なつ》の 太陽《たいよう》が □と てりつける。（　）

② 新《あたら》しい □の ピアノを ひく。（　）

③ 夜空《よぞら》に 星《ほし》が □と かがやく。（　）

④ 明《あ》かりが □と またたく。（　）

ア ちかちか　イ ぴかぴか
ウ ぎらぎら　エ きらきら

2 つぎの□に あてはまる 言葉を、あとから えらび、記号で 答えましょう。

① つらい 夏《なつ》の □とした あつさ。（　）
ア ぽかぽか　イ むしむし
ウ ぎしぎし　エ ほかほか

② □と さわやかに ふく 春《はる》の 風《かぜ》。（　）
ア びゅうびゅう　イ ぴゅーぴゅー
ウ そよそよ　エ ごうごう

③ 池《いけ》の 水が □に こおる。（　）
ア こりこり　イ かちかち
ウ ごりごり　エ ごつごつ

④ けいさつかんが いる 場所《ばしょ》に、はん人が、□と あらわれた。（　）
ア のこのこ　イ てくてく
ウ ずかずか　エ すたすた

3 つぎの ――線《せん》の 表《ひょう》げんの 意味《いみ》を、あとから えらび、記号で 答えましょう。

①かのじょの はだは 雪《ゆき》のように うつくしい。
ア 白い　イ つめたい
ウ とけやすい　エ かたい
（　）

②りんごのような ほっぺを した 元気《げんき》な 男の子が いた。
ア あまい　イ 赤い
ウ かたい　エ 青い
（　）

③あの すもうとりは、まるで きかんしゃだ。
ア 黒《くろ》い　イ 古《ふる》い
ウ 力強《ちからづよ》い　エ はやい
（　）

④山のような ごはんを ぜんぶ 食《た》べて しまった。
ア おいしい　イ たくさんの
ウ まずい　エ 少《すこ》しの
（　）

4 つぎの ――線の 言葉は どんな 意味を 表《あらわ》すか、あとから えらび、記号で 答えましょう。

①ぼくは へやで そわそわして いた。（　）

②みんなの 前《まえ》で はきはき 話《はな》す。（　）

③父《ちち》は いそいそと でかけて 行《い》った。（　）

④母《はは》は てきぱきと へやを かたづけた。（　）

⑤弟《おとうと》は 学校に 行く 時間《じかん》に なっても だらだらして いる。（　）

ア うれしそう　イ はっきりしている
ウ てぎわが いい　エ だらしない
オ おちつかない

ステップ2

時間 25分　合かく点 70点　とく点　点

シール

べん強した日　月　日

1 つぎの 文章《ぶんしょう》を 読《よ》んで、あとの 問《と》いに 答《こた》えましょう。

おりの なかの いぬたちが また ギャンギャン さわぎはじめた。

（［①］、こわく ないぞ。）

ぼくは となりの あさのさんと 手を つなごうと したんだけど、あさのさんは どこにも いなかった。

（あ、わかった！）

ぼくは ②ささささっと はしって、きどから そとを のぞいて みた。

やっぱり、いた。あさのさんは おこった かおで きどの まえに たって いた。

「こわく ないよ。いぬは おりの なかだよ。」

ぼくは あさのさんの シャツを つんつんと ひっぱったんだけど、あさのさんは つんと ③そっぽを むいて、へんじも して くれなかった。

「こんな とこに ひとりで いたら、ゆうかいされちゃうよ。」

ぼくが ④おろおろして いたら、ごんちゃんが きどから かおを だした。

「やっぱ ここかよ。おまえら、ほんとに よわむしだね。」

ぼくまで よわむしに されて しまった。ぼくは ⑤いいわけを するのが めんどうくさくて、へへへへーと わらってた。

「しょうがないなあ。ほら、これ、やるよ。」

ごんちゃんは ズボンの ぽけっとから、あかい ビーだまを だして、あさのさんに あげた。

「あ、きれい！」

⑥つんと　してた　あさのさんが、きゅうに　にこっと　わらった。
「なに、これ？」

「まほうの　ビーだま。チョーげんき　でる。」

（ごとうりゅうじ「やまんばやかたたんけんします！」）

(1) ①に　あてはまる　言葉《ことば》を　つぎから　えらび、記号《きごう》で　答えましょう。（10点）
ア　ぜんぜん　イ　おそらく
ウ　少《すこ》し　エ　ときどき
（　）

(2) ――線《せん》②「さささっと」とありますが「ぼく」が　はしって　いる　ときの　どんな　様子《ようす》が　わかるか　答えましょう。（20点）
（　）

(3) ――線③「そっぽを　むいて」とありますが　どのような　様子か　答えましょう。（20点）
（　）

(4) ――線④「おろおろ」は、「ぼく」の　どんな　様子を　表《あらわ》して　いるか、答えましょう。（10点）
（　）

(5) ――線⑤「いいわけ」という　言葉の　意味《いみ》を　答えましょう。（20点）
（　）

(6) ――線⑥「つんと…」は　どんな　様子を　表して　いるか、つぎから　えらび、記号で　答えましょう。（20点）
ア　きんちょうした　様子。
イ　そっけない　様子。
ウ　がっかりして　いる　様子。
エ　楽《たの》しそうな　様子。
（　）

ステップ3

1 つぎの 文章《ぶんしょう》を 読《よ》んで、あとの 問《と》いに 答《こた》えましょう。

(だれが 言《い》ったんだろう?)

光男《みつお》さんは、声《こえ》が した ほうを 見て、①いきを のみました。

あの 青い 目の ネコと 目が あったのです。

「も、もしかして、②いまの ことば……?」

光男さんが [③] すると、ネコは、まえ足で、口の まわりを ゆっくりと ふきました。

「すいません。よけいな ことを 言って。ぼく、*ブイヤベースには、ちょっと ④うるさいんです。」

(ネコが しゃべった!)
⑤光男さんは、空に 顔《かお》を むけると、大きく いきを すいました。
それから、うでぐみを して、ネコの ほうに みを かがめました。

「いったい、ぼくの ブイヤベースの、どこが、あじが いま ひとつなのか 言《い》ってみろよ。」

すると、ネコは、もう いちど、スープを なめて、ふむふむと うなずきました。

「*スパイスが たりませんね。いったい なにを いれました?」

「えっ……そんな こと きいて、どうするんだよ。」

光男さんが まゆを よせると、ネコは、光男さんの そばに よって きて、そおっと しっぽの さきを おしつけました。

「ニンニクと トマト、それに、月桂樹《げっけいじゅ》の

シール

時間	25分
合かく点	70点
とく点	点

べん強した日 月 日

はっぱぐらいしか いれなかったでしょう。」

「え……。」

光男さんは、［⑥］しました。ネコの
いう とおりだったのですから。

（茂市久美子《もいちくみこ》「ネコが手をかすレストラン」）
＊ブイヤベース＝魚《さかな》や 貝などの 入った スープ。
＊スパイス＝かおりなどを くわえる ちょうみりょう。

(1) ――線《せん》①は どんな 気持《も》ちか、つぎから えらび、記号《きごう》で 答えましょう。（15点）
ア うれしい　イ しんぱい
ウ びっくり　エ かなしい
（　）

(2) ――線②は、どのような「ことば」か答えましょう。（20点）
（　）

(3) ［③］に あてはまる 言葉を、つぎから えらび、記号で 答えましょう。（15点）
ア そっと　イ ぼんやりと
ウ のそっと　エ ぽかんと
（　）

(4) ――線④と 同《おな》じ 意味《いみ》で 使《つか》われている 文を、つぎから えらび、記号で答えましょう。（15点）
ア あれこれ うるさく 注意《ちゅうい》する。
イ はえが うるさく よって くる。
ウ 父《ちち》は りょうりの 味《あじ》に うるさい。
エ 車の 音が とても うるさい。
（　）

(5) ――線⑤は、光男さんの どのような 様子《ようす》を 表《あらわ》して いるか 答えましょう。（20点）
（　）

(6) ［⑥］に あてはまる 言葉を、つぎから えらび、記号で 答えましょう。（15点）
ア ぼーっと　イ にこっと
ウ ぎくっと　エ かちんと
（　）

3 こそあど言葉《ことば》

学習のねらい

指示語は、いろいろな意味を指し示す言葉です。どのような内容を指し示しているのか、正しく理解することで、読解力が高まります。

べん強した日　月　日

ステップ1

1 つぎの　文中の□に　あてはまる　こそあど言葉《ことば》を　つぎから　えらび、記号《きごう》で　答《こた》えましょう。

① わたしが　もって　いる　□　絵《え》を　見てください。（　　）

② 遠《とお》くに　見える　□　山に　のぼって　みたい。（　　）

③ □　本でも　じゆうに　読《よ》んで　かまいません。（　　）

ア この　**イ** その　**ウ** あの　**エ** どの

2 つぎの　文中の□に　あてはまる　こそあど言葉を　つぎから　えらび、記号で　答えましょう。

① 先生が　まちがえるなんて、□　ことは　ありえない。（　　）

② いったい　□　ほうほうで　作《つく》るのだろうか。（　　）

③ 鳥《とり》が　大空を　とんで　いる。□　ふうに　ぼくも　空を　とんで　みたい。（　　）

ア こんな　**イ** そんな

ウ あんな　**エ** どんな

3 つぎの　文中の　――線《せん》の　こそあど言葉が　さししめす　ないようを　つぎから　えらび、記号で　答えましょう。

①きのう、お母《かあ》さんと　びょういんに　行った。そこで、ともだちに　でくわした。

ア きのう　イ お母さん

ウ びょういん　エ 行った

（　　）

②お兄《にい》さんが　ぼくに　新《あたら》しい　ペンを　かして　くれた。それを　使《つか》って　絵を　かいた。

ア お兄さん　イ ぼく

ウ ペン　エ 絵

（　　）

③お父《とう》さんは　外国《がいこく》で　しごとを　している。ぼくも　いつか　あちらに　行って　みたい。

ア お父さん　イ 外国

ウ しごと　エ ぼく

（　　）

4 つぎの　文中の　――線の　こそあど言葉が　さししめす　ないようを　答えましょう。

①お父さんが　クリスマスに　買《か》って　くれた　ぼうえんきょう。これが　ぼくの　たからものだ。

（　　）

②きみは　おもしろそうな　本を　読んで　いるね。読み終《お》わったら　ぼくにも　それを　かして　くれないか。

（　　）

③お母さんは　今《いま》、図書《としょ》かんに　います。わたしも　あとから　そこに　行くよいです。

（　　）

④遠《とお》くに　とても　高《たか》い　ビルが　見えますね。あれを　目じるしに　歩《ある》いて　いきましょう。

（　　）

ステップ2

1 つぎの 文章《ぶんしょう》を 読んで、あとの 問いに 答えましょう。

わたしたちが くらして いく ためには、いふくや 食《た》べもの、家《いえ》など、いろいろな ものが ひつようです。①それらを ぜんぶ 自分《じぶん》で 作《つく》るのは たいへんです。ですから、それぞれ せんもんの 物《もの》を 作って、ほかの 人と こうかんするように なりました。たとえば、あなたが くつを 作ったと します。食べものが ほしい ときには、②それを 作って いる 人の なかで、くつを ほしがって いる 人を さがして、くつと こうかんするのです。

　でも まい回《かい》 [③] ことを するのは たいへんです。ですから、だんだん、だれもが ほしくなる ものを こうかんの なかだちとして つかうように なりました。④これが お金の はじまりです。

(1) ――線①・②が さししめす ないようを それぞれ 答えましょう。(20点)

① （　　　　）

② （　　　　）

(2) [③] に あてはまる こそあど言葉《ことば》を つぎから えらび、記号《きごう》で 答えましょう。(10点)

ア これ　イ こんな

ウ あちら　エ あんな

（　　）

(3) ――線④が さししめす ないようを 答えましょう。(20点)

（　　　　）

シール

時間	合かく点	とく点
25分	70点	点

べん強した日　月　日

2 **つぎの 文章を 読んで、あとの 問いに 答えましょう。**

夏《なつ》の 海《うみ》や 山は、たいようの 光《ひかり》が つよく なります。ひに あたって いると、ひふが 赤く なります。①これは かるい やけどを したのと おなじで、ひりひりします。

ひに やけて、赤く なった ひふは しんで しまって います。しんだ ひふの 下には、あたらしい ひふが、おおいそぎで つくられます。あたらしい ひふが できると、ひに やけた ひふは、もう いりません。②これが、うすい かわと なって はがれて いくのです。

むりやり はがすと ひふが いたんで しまいますから、しぜんに はがれる ままに しておきましょう。

ひに あたりつづけて いると、ひふの 色《いろ》は、ひに やけて だんだん 黒《くろ》く なって きます。でも、秋《あき》から 冬《ふゆ》に なると、しらない うちに もとの 白い ひふに もどって います。

これは、いつも あたらしい ひふが つくられて いるので、ひに やけた 黒《くろ》い ひふは すこしずつ はがれて いれかわり、もとの ひふの 色に もどって いくからです。

（久道健三《ひさみちけんぞう》「かがくなぜどうして 二年生」）

(1) ――線①「これ」は どういう ことを さししめして いるか 答えましょう。（25点）

（　　　　　）

(2) ――線②「これ」は どういう ことを さししめして いるか 答えましょう。（25点）

（　　　　　）

4 文と 文を つなぐ 言葉《ことば》

学習のねらい

言葉と言葉、文と文、段落と段落をつなぐ言葉を「接続語」といいます。前の文と後の文の関係を表す言葉なので、文章の流れを読み取る際に注意が必要です。

べん強した日　　月　　日

ステップ 1

1 つぎの 文中の □に あてはまる 文と 文を つなぐ 言葉《ことば》を あとから えらび、記号《きごう》で 答《こた》えましょう。

① 雨が ふって きた。□ かさを さして 歩《ある》いた。（　　）

② ねむく なって きた。□ しゅくだいを さいごまで がんばった。（　　）

③ たくさん 水を のんだ。□ とても のどが かわいて いたからだ。（　　）

ア でも　イ だから　ウ つまり　エ なぜなら

2 つぎの 文中の □に あてはまる 文と 文を つなぐ 言葉を あとから えらび、記号で 答えましょう。

① りんごが すきですか。□ みかんが すきですか。（　　）

② 雨が ふって きた。□ 風《かぜ》も 強《つよ》く なって きた。（　　）

③ わたしの お話《はなし》は これで 終《お》わりです。□ お昼《ひる》ごはんに しましょうか。（　　）

ア さて　イ それとも　ウ そのうえ　エ それでも

3 つぎの　文中の　——線《せん》の　文と　文を　つなぐ　言葉と　同《おな》じ　はたらきの　言葉を　あとから　えらび、記号で　答えましょう。

① 弟《おとうと》は　お母《かあ》さんに　しかられた。でも、平気《へいき》な　顔《かお》を　して　いた。

ア　けれども　イ　つまり　ウ　そして　エ　だから

（　　）

② ぼくは、パンを　食《た》べた。さらに　おそばを　食べた。

ア　または　イ　たとえば　ウ　それから　エ　ただし

（　　）

③ あの人は　お父《とう》さんの　お兄《にい》さん。つまり、ぼくの　おじさんです。

ア　しかし　イ　または　ウ　ようするに　エ　なぜなら

（　　）

4 つぎの　文中の　□　に　あてはまる　文と　文を　つなぐ　言葉を　あとから　えらび、記号で　答えましょう。

① 会場《かいじょう》には　車を　とめる　場所《ばしょ》が　ありません。ですから、当日《とうじつ》は、電車《でんしゃ》、□　バスを　使《つか》って　ください。

ア　または　イ　しかし　ウ　つまり　エ　ただし

（　　）

② 冬《ふゆ》に　なると、多《おお》くの　植物《しょくぶつ》たちは　葉《は》を　落《お》として　しまいます。その　すがたは、まるで　死《し》んで　しまったようです。□　植物は　死んでは　いません。春《はる》に　新《あたら》しい　めを　出す　ために　せいいっぱい　えいようを　ためて　いるのです。

ア　または　イ　しかし　ウ　それから　エ　ただし

（　　）

ステップ2

シール

時間	合かく点	とく点
25分	70点	点

べん強した日 月 日

1 つぎの 文章《ぶんしょう》を 読《よ》んで、あとの 問《と》いに 答《こた》えましょう。

夏《なつ》、空に 大きな にゅうどう雲《ぐも》(かみなり雲)が あらわれるような あつい 日の ことです。空いちめんに くもって きたかと おもうと、ぴかっと いなずまが ひかったり、ごろごろと 音が なったりします。［①］ とつぜん、どどーんと かみなりが おちた 大きな 音が きこえてきます。

にゅうどう雲が むくむく 大きく なると、げんいんは まだ わかって いませんが、電気《でんき》が たまって いきます。空気は 電気を とおさないので、雲の 中に たまった 電気は どこにも でることが できません。

［②］、大きな にゅうどう雲の 中では、どんどん 電気が たまって いき、とうとう 電気を とおさない 空気の かべを やぶるほど、ものすごい りょうの 電気が たまって しまいます。

そうなると、いっしゅん ぴかっと ひかって、たまっていた 電気が 空気の 中に ながれでます。これが かみなりです。

(久道健三《ひさみちけんぞう》「かがくなぜどうして 二年生」)

問《とい》 ［　］①・②に あてはまる 言葉《ことば》を つぎから えらび、それぞれ 記号《きごう》で 答えましょう。(50点)

① ア だが　イ そして　ウ つまり　エ なぜなら　(　　)

② ア なぜなら　イ たとえば　ウ また　エ ところが　(　　)

2 つぎの 文章を 読んで、あとの 問いに 答えましょう。

　あなたは これまで どんな ちゅうしゃを しましたか。びょうきに ならない ための よぼうちゅうしゃを、なんどか して いるはずですね。

　ちゅうしゃを すると いたいのは、ほそい はりを ひふに さすからです。

　ひふには、あついとか つめたいとか、かゆいと いった ことを かんじる しんけいが たくさん あります。

　つねったり たたいたり さしたり すると、ひふの しんけいは いたみを かんじ、その いたみは すぐに あたまに つたわります。あたまからは けがなど しないように、すばやく、きけんを さける めいれいが でます。

　ひふの しんけいは、つねられたり たたかれたり するよりも、さされた ほうが つよい いたみを かんじます。［①］、ちゅうしゃばりで さされた ときの いたみは わすれられないのです。

　［②］、ちゅうしゃを された ときは ふつうの いたみなのに、その ばしょを じっと みて いると ますます いたく かんじると いった ことも あります。

（久道健三《ひさみちけんぞう》「かがくなぜどうして 二年生」）

(1) ［①］に あてはまる 言葉を つぎから えらび、記号で 答えましょう。(25点)

ア つまり　イ ですから
ウ たとえば　エ なぜなら

（　　）

(2) ［②］に あてはまる 言葉を つぎから えらび、記号で 答えましょう。(25点)

ア しかし　イ あるいは
ウ また　エ さて

（　　）

ステップ３

1 つぎの 文章《ぶんしょう》を 読《よ》んで、あとの 問《と》いに 答《こた》えましょう。

森の びょういんでは、にゅういんして いる どうぶつが、あかちゃんを うむ ことが あります。キタキツネ、エゾタヌキ、シマリス、そして エゾカモシカなどです。①、ふしぎな ことに、うまれて きた あかちゃんの うんちや おしっこは、どこにも みあたりません。②、あかちゃんの 体《からだ》が、うんちや おしっこで よごれて いるのも、みかけません。おむつを して いる わけでも ないのに、③なぜでしょう。小屋《こや》の 中の ようすを、さぐって みる ことに しました。

小屋の そばで、耳を すまして いると、フンフンフンと いう、あかちゃんの 声《こえ》と、ピチャピチャピチャと いう、おかあさんが、あかちゃんを なめる 音が きこえて きます。④この 音が する とき、あかちゃんは どうやら、うんちや おしっこを して いるようです。

おかあさんは、おきて いる あいだ ずっと、あかちゃんの 体を なめています。頭《あたま》、せなか、おなかを、くりかえし なめています。あかちゃんの うんちや おしっこも、なめて かたづけて あげて いたのです。

うんちや おしっこは、きたない ものだと、わたしは おそわって きました。⑤、おかあさんが、あかちゃんの うんちや おしっこを なめたり、たべたり するのを みて、ちょっと ⑥しんぱいに

シール

時間	合かく点	とく点
25分	70点	点

べん強した日　月　日

なりました。
ところが、へいきなのです。なぜなら、うまれて くる あかちゃんは、おかあさんの おなかの 中から 細《さい》きんを すこし もらって、うまれて きます。だから、あかちゃんの うんちを たべても、おかあさんは、おなじ 細きんを もって いるので、びょうきに なりません。

（竹《たけ》田《た》津《づ》実《みのる》「うんちとおしっこのひみつ」）

(1) ①に あてはまる 言葉《ことば》を、つぎから えらび、記号《きごう》で 答えましょう。（10点）

ア ところが　イ なぜなら
ウ さて　エ つまり
（　　）

(2) ②に あてはまる 言葉を、つぎから えらび、記号で 答えましょう。（10点）

ア たとえば　イ だから
ウ でも　エ それに
（　　）

(3) ——線《せん》③の 答えを つぎの （　）に 答えましょう。（20点）

・おかあさんが あかちゃんの （　　）や（　　）を（　　）、かたづけて いたから。

(4) ——線④は どんな 音でしょう。（20点）

（　　）

(5) ⑤に あてはまる 言葉を、つぎから えらび、記号で 答えましょう。（10点）

ア しかし　イ または
ウ だから　エ さて
（　　）

(6) ——線⑥について 答えましょう。

① 何《なに》を しんぱいしたのですか。（15点）

（　　）

② なぜ しんぱいしたのですか。（15点）

（　　）

5 いつ どこで だれが 何《なに》を したか

学習のねらい

物語文では、登場人物や場面を理解することが最も大切です。いつ、どこで、だれが、何をしたのか、確かめながら読み進めます。

べん強した日　月　日

ステップ 1

❶ つぎの 文章《ぶんしょう》を 読《よ》んで、あとの 問《と》いに 答《こた》えましょう。

「あっ、お父《とう》ちゃん！」

ごうすけくんが さけんで、むこうから きた 男の 人に かけよりました。

「お母《かあ》ちゃんは？ ねえ、だいじょうぶ？」

「うん、うん」

男の 人は、うなずきました。

「だいじょうぶだ。手じゅつも うまく いったよ。ごうすけ、きゅうに ひとりに したのに、よく 三日も るすばんして くれたな。えらかったな。あした、びょういんへ、いこうな」


（矢部美智代《やべみちよ》「かげまる」）

(1) ——線《せん》の 人は ごうすけくんに とって、どんな 人か、記号で 答えましょう。

ア 先生　イ おいしゃさん
ウ お父さん　エ お兄《にい》さん　（　）

(2) ごうすけくんは 何《なに》を して いましたか。記号で 答えましょう。

ア おみまい　イ るすばん
ウ おてつだい　エ にゅういん　（　）

(3) ごうすけくんは、あした 何を しますか。つぎから えらび、記号で 答えましょう。

ア びょういんに おみまいに いく。
イ 学校に べんきょうしに いく。
ウ お父さんと かいものに いく。
エ お母さんと さんぽに いく。　（　）

❷ つぎの 文章を 読んで、あとの 問いに 答えましょう。

「よく、るすばんを するのだぞ。それから、ほとけさまに おそなえして ある おはぎを、食《た》べては いかんぞ。」

でも、小ぞうたちは、おはぎが 食べたくて たまりません。

すると 一休《いっきゅう》は、ほとけさまの 口に おはぎの あんを なすりつけて、

「こう すれば、食べても 平気《へいき》さ。」

と 言《い》って、みんなで、おはぎを 食べて しまいました。

しばらく して、おしょうさんが 帰《かえ》って くると、おはぎが 一つも ありません。

「おはぎは どうした。」

かんかんに なって どなると、

「ほとけさまの 口に あんが ついて いますから、ほとけさまが 食べて しまったのでしょう。」

すました 顔《かお》を して 一休が 言いました。

（大石《おおいし》 真《まこと》「一休さん」）

(1) おしょうさんは、小ぞうたちに 何を するように 言いましたか。

（　　　　）

(2) ――線について 答えましょう。

① 「こう すれば」と ありますが、一休は 何を したのですか。

（　　　　）を（　　　　）に つけた。

② 一休が、このように した りゆうを 記号で 答えましょう。

ア おはぎを 食べた いいわけの ため。

イ おしょうさんを こまらせる ため。

ウ 小ぞうたちを わらわせる ため。

エ ほとけさまを よろこばせる ため。

（　　）

ステップ2

シール

時間 25分　合かく点 70点　とく点　点

べん強した日　月　日

1 つぎの　文章《ぶんしょう》を　読《よ》んで、あとの　問《と》いに　答《こた》えましょう。

「どうしたんだい。ウサギさん！」

クマのおいしゃさんは、めを　むいて、ウサギに　かけよりました。むりも　ありません。

ウサギは、しんだように　うごかず、ただ　空を　みあげて　いたからです。

「ああ、せんせい」

ウサギは、とおい　ところを　みすぎて　いた、ぼんやりした　めで　こたえました。

「ああ、おどろいた。わしは、てっきり　きみが、しんだようだから……」

クマの　おいしゃさんは、その　あとを　あわてて　のみこみ、いいました。

「まだ、まっている　なにかは、こなかったんだね。」

「はい」

「その　ひとは、もう、きょうは　こないんじゃないかね」

クマの　おいしゃさんは、それとなく　ウサギに　いえへ　かえるように　すすめました。

このままでいたら、すぐ　夜《よる》に　なって　しまいます。

「いいえ。それは、これから　きそうなんです。」

「これからって」

クマの　おいしゃさんは、くれかかった　空を　ながめ、むらむらと　はらが　たって　きました。こんなに　おそくまで、ひとの　いい　ウサギに　まちぼうけを　くわせるなんて、とんでもない　やつが　い

る　ものです。

（内田麟太郎《うちだりんたろう》「だれかにあったはずなんだ」）

(1)　この　場面《ばめん》について　答《こた》えましょう。

①この　お話《はなし》は　いつごろの　ことか、つぎから　えらび、記号《きごう》で　答えましょう。(10点)

ア　朝《あさ》　イ　昼《ひる》

ウ　夕方《ゆうがた》　エ　夜

（　　）

②①の　答えの　様子《ようす》が　わかる　ひょうげんを　二か所《しょ》　書《か》きぬきましょう。(40点)

（　　）

（　　）

③この　お話は、何《なに》を　して　いる　場面《ばめん》ですか。つぎから　えらび、記号で　答えましょう。(15点)

ア　クマの　おいしゃさんが　ウサギを　しんさつする　場面。

イ　ウサギが　クマの　おいしゃさんと　まちあわせを　する　場面。

ウ　ウサギが　なにかが　くるのを　まっている　場面。

エ　ウサギが　きれいな　空を　見て　いる　場面。

（　　）

(2)　——線《せん》について　答えましょう。

①この　ときの　クマの　おいしゃさんの　気持《も》ちを　記号で　答えましょう。(15点)

ア　よろこんで　いる

イ　こまって　いる

ウ　おどろいて　いる

エ　かなしんで　いる

（　　）

②この　とき、なぜ　クマの　おいしゃさんは、目を　むいて　ウサギに　かけよったのですか。(20点)

（　　）

6 話《はなし》の じゅん番《ばん》を 考《かん》える

学習のねらい

物語文では、場面の変化に注意しながら、どのような出来事が起こり、どのような結末になったのかを読み取ることが大切です。

べん強した日　月　日

ステップ1

① つぎの 文章《ぶんしょう》を 読《よ》んで、あとの 問《と》いに 答《こた》えましょう。

「ゴロジの ことだけどさ……。」

「いまごろ 何《なに》 言《い》ってるんだよ。」

ぼくは、ぴんと きて、えんぴつを ほうりなげた。引《ひ》っこしが きまってから、だれも その ことには ふれないように して いた。だけど、みんな ゴロジの ことを いちばん ①心配《しんぱい》して いたんだ。

「おいて いかないよ。ぜったいに つれて いくからね。」

おもわず ぼくが 大きな 声《こえ》で 言ったら、そばで ねて いた ②ゴロジの 耳が びくんと うごいた。

「そうよ、もしも 会社《かいしゃ》が だめと 言っても いやだわ。だって、ゴロジは わたしたちの 家族《かぞく》ですもの。」

台《だい》どころから お母《かあ》さんの 声が とんで くると、ゴロジの しっぽが ゆらっと ゆれた。

「いや、そうじゃ ないんだ。③会社には おねがいして あるんだけど、なかなか いいと いう へんじが なくてね。まあ、きっと うまく いくだろうけど…。」

お父《とう》さんは はあっと、小さな ためいきを ついた。

あの 日から、④ゴロジの すがたが 見えなく なったのだ。

ゴロジは 人間《にんげん》で いえば、五十才《さい》ぐらい。

お父さんや　お母さんより　ずっと　年が　上だ。お母さんが　言って　いたように、ゴロジは　本当《ほんとう》に　自分《じぶん》から　家《いえ》を　出て　いったのかしら。

何も　言えなかったけど、もしかしたらゴロジは、ぼくたち　家族の　ことは　なんでも　わかって　いたのかも　しれない。だから、⑤みんなに　めいわくを　かけたくないと　思《おも》って、それで　家を　出る　決《けっ》心《しん》を　したんだ。ひとりで　生きて　いこうと　心に　きめたんだ。

（戸田和代《とだかずよ》「ゴロジ」）

(1)　この　お話《はなし》の　場面《ばめん》について　答えましょう。

①　この　お話を　二つの　場面に　わける　とき、二つ目の　場面は　どこから　はじまりますか。はじめの　四字を　答えましょう。

□□□□

②　一つ目の　場面と、二つ目の　場面を　それぞれ　あとから　えらび、記号《きごう》で　答えましょう。

ア　ゴロジが　家に　きた　ころの　こと。
イ　家族で　話し合って　いる　ところ。
ウ　引っこしを　して　いる　ところ。
エ　ゴロジが　いなくなった　あとの　こと。

一つ目（　　）　二つ目（　　）

(2)　——線《せん》①について、どんな　心配なのか、つぎから　えらび、記号で　答えましょう。

ア　ゴロジが　いなくなるのでは　ないか。
イ　ゴロジを　つれて　ひっこしできるか。
ウ　ゴロジが　ひとりで　生きて　いけるか。
エ　ゴロジが　めいわくを　かけないか。

（　　）

(3)　——線②〜⑤の　できごとが、おこった　じゅん番《ばん》に　ならべましょう。

（　　）→（　　）→（　　）→（　　）

ステップ2

シール

時間 25分 合かく点 70点 とく点 点

べん強した日 月 日

1 つぎの 文章《ぶんしょう》を 読《よ》んで、あとの 問いに 答えましょう。

きゅう食《しょく》を 食《た》べて いたら、となりの せきの みどりちゃんが いった。

「学校が 終《お》わったら、スーパーロントンへ 行《い》くの。きょうは ママの おたんじょう日。プレゼント 買《か》うんよ。」

「ふうん。」

ぼくは レーズンパンを かじりながら、①けさの ことを 思《おも》いだした。

「あっ、あした、わたしの たんじょう日や。」お母《かあ》ちゃんが カレンダーを 見て、大きな 声《こえ》で いったんだ。

ぼくは みどりちゃんに きいて みた。

「②なに 買うのん?」

「エプロン。レースの フリルの ついたピンクの エプロン。」

みどりちゃんは、プリンを つるんと 食べた。

学校が 終わると、ぼくは 走《はし》って 家《いえ》に 帰《かえ》った。

アパートの ドアを いきおいよく あけて、どなった。

「たもつ、③ロントンに 行くぞ。」

「ええっ!」

ねそべって まんがを 読《よ》んで いた、弟《おとうと》の たもつが 起《お》きあがった。

ぼくらは、お父《とう》ちゃんと お母ちゃんに きつく いわれて いる。

「ロントンへ 行ったら あかん。行ったら、年の 数《かず》だけ おしりを たたく。」

お母ちゃんが、ロントン 一階《いっかい》の レジで

はたらいて　いるからだ。

「だいじょうぶ。見つからんように　したら　ええんや。それに、きょうは　とくべつや。お母ちゃんに　プレゼント　買うんやから。」

（松本聡美《まつもとさとみ》「あしたまでは　ひみつの　ヒミツ」）

(1)　この　お話《はなし》の　場面《ばめん》について　答えましょう。

①　この　お話を　二つの　場面に　わけるとき、二つ目の　場面は　どこから　はじまりますか。はじめの　三字を　答えましょう。（20点）

②　一つ目の　場面と、二つ目の　場面は、それぞれ　どんな　場所《ばしょ》の　できごとですか。（20点）

一つ目（　　　）　二つ目（　　　）

(2)　――線《せん》①は、どんな　ことですか。（20点）

（　　　）

(3)　――線②と　「ぼく」が　言ったのは　なぜですか。記号で　答えましょう。（20点）

ア　お母ちゃんに　買う　プレゼントの　さんこうに　しようと　考《かん》えたから。

イ　みどりちゃんが　どんな　ものが　すきか　しりたかったから。

ウ　ロントンで　何《なに》が　うって　いるのか　しりたかったから。

エ　どんな　エプロンが　いいのか　わからなかったから。

（　　　）

(4)　――線③のように　「ぼく」が　言ったのは　なぜですか。（20点）

（　　　）

ステップ3

シール

時間 25分
合かく点 70点
とく点 点

べん強した日 月 日

1 つぎの 文章《ぶんしょう》を 読《よ》んで、あとの 問《と》いに 答《こた》えましょう。

ええと、①けんかの げんいんは、なんだったっけ？

そうだ！

大樹《だいき》が、ぼくの 大すきな サッカーせん手の わる口を いったんだ。

「あんなの へたくそだ。足も みじかいし、かみがたも にわとりみたいで、かっこわるい。」

それで、いいあいに なり、気が つくと、とっくみあい。きょうしつじゅうを ころげまわって あばれた。で、しまいには、ぼくたちは、先生に おこられた。けんかは、どちらも いけないって。おたがいに、ごめんなさいを させられた。

でも、あとに なって 大樹は、じぶんは、わるくないって、いいだした。けんかに なったのは、ぼくの せいだって。ぼくが、すぐ おこるからだって。もう、ぼくと あそばないとまで いう。だから、ぼくも いったんだ。

「こっちだって、ぜったいに あそんでやらない……。」

「ただいま。」

げんかんを あけて、声《こえ》を はりあげると、お母《かあ》さんが とびだして きた。

「お帰《かえ》り。ちょうど よかった。お母さん、いまから でかけるけど、直人《なおと》は どうする？」

「ぼく、家《いえ》に いるよ。きょうは 大樹とは あそばないんだ。」

「②へえ、めずらしいわね。直人、ひとりで
さびしくない？」
お母さんは、ふしぎそうに　ぼくを　のぞきこんだ。③ぼくは、わざと　あかるく
こたえた。
「だいじょうぶ。テレビゲームしてるから、
ばっちりさ。」

（赤羽《あかばね》じゅんこ「ドキドキ！　おともだちビデオ」）

(1) この　お話《はなし》を　二つの　場面《ばめん》に　わける　とき、二つ目の　場面は　どこから　はじまりますか。はじめの　三字を　答えましょう。（20点）

(2) つぎの　できごとを、起《お》こった　じゅん番《ばん》に　ならべましょう。（20点）

ア 大樹と　直人が　おたがいに　ごめんなさいを　させられた。

イ 大樹と　直人が　けんかを　した。

ウ 先生に　おこられた。

エ 大樹が　けんかに　なったのは　直人のせいだと　いった。

（　）→（　）→（　）→（　）

(3) ――線《せん》①は、どんな　ことでしたか。（20点）

（　　　　）

(4) ――線②の　言葉《ことば》から　どんな　ことが　わかりますか。（20点）

（　　　　）

(5) ――線③から　どんな　様子《ようす》が　読みとれますか。つぎから　えらび、記号《きごう》で　答えましょう。（20点）

ア あまえる　様子。

イ 強《つよ》がる　様子。

ウ とくいな　様子。

エ こまった　様子。

（　）

7 話題《わだい》を 読《よ》み取《と》る

学習のねらい
説明文では、説明の中心となる話題を読み取ることが大切です。何について書かれている文章か、しっかり整理してから問題に取り組みます。

べん強した日　月　日

ステップ1

1 つぎの 文章《ぶんしょう》を 読《よ》んで、あとの 問《と》いに 答《こた》えましょう。

[1] れいとう庫《こ》の 氷《こおり》の 白い ところや ちいさな あわは、みじかい 時間《じかん》で ひやされた ために、氷の 中に とじこめられた 空気だったのです。冬《ふゆ》、池《いけ》や 水たまりに できる 自然《しぜん》の 氷は、れいとう庫《こ》の 氷に くらべて ゆっくり こおるので、空気の あわの 少《すく》ない きれいな 氷に なります。

[2] 氷屋《や》さんも、とう明《めい》な 氷を つくる ときには、2日も 3日も かけて ゆっくりと 水を こおらせるそうです。長《なが》い 時間を かけて ゆっくり 水を こおらせる ことが、今の ところ とう明な 氷を つくる ただ ひとつの 方《ほう》ほうです。

（前野紀一《まえののりかず》「こおり」）

(1) この 文章の 全体《ぜんたい》の 話題《わだい》を、つぎから えらび、記号《きごう》で 答えましょう。

ア れいとう庫　イ 氷
ウ 空気　エ 氷屋さん
（　　）

(2) [1]の 話題を、まとめましょう。
自然の 氷は、（　　）の 少ない きれいな 氷に なる。

(3) [2]の 話題を、つぎから えらび、記号で 答えましょう。
ア 氷屋さんの しごとの たいへんさ。
イ 氷が できる までの 時間。
ウ とう明な 氷を つくる 方ほう。
エ とう明な 氷の おいしさ。
（　　）

2 つぎの 文章を 読んで、あとの 問いに 答えましょう。

秋《あき》、ぞうき林の なかに はいって しずかにして いると、ポト ポトという 音《おと》が きこえて きます。風《かぜ》が ふくと、大つぶの 雨が ふって きたような 音に なります。

いったい なんでしょう。

①どんぐりが おちて いたのです。1本の こならの 木から、どれ くらいの どんぐりが おちるのでしょう。

かぞえたら、3万《まん》5000つぶも ありました。

ばけつに いれると、5はいぶんにも なります。

どんぐりには えいようが いっぱい あるので、林に すむ ねずみや りすや のうさぎや 鳥《とり》や 虫などの ②どうぶつたちには、すてきな ごちそうです。

（広井《ひろい》敏男《としお》「林のどんぐり」）

(1) この 文章の 話題《わだい》を、記号で 答えましょう。

ア ぞうき林の ようす。
イ 雨が ふる 音。
ウ どんぐりに ついて。
エ どうぶつの 食《た》べもの。

（　　）

(2) ——線①は、どんな ときに おちるのですか。記号で 答えましょう。

ア 雨が ふる とき。
イ 冬が きた とき。
ウ 風が ふく とき。
エ 春《はる》が くる とき。

（　　）

(3) ——線②のように いえる 理由《りゆう》を つぎから えらび、記号で 答えましょう。

ア たくさん あるから。
イ えいようが いっぱい あるから。
ウ ほかに 食べものが ないから。
エ あじが おいしいから。

（　　）

ステップ2

1 つぎの　文章《ぶんしょう》を　読《よ》んで、あとの　問《と》いに　答《こた》えましょう。

ザリガニの　からだを　しらべて　みましょう。

頭《あたま》には、ながい　＊しょっかくと、目や口が　あります。

むねには、水の　なかで　いきを　する　ための　エラが　あります。むねからは　5《ご》つい、合計《ごうけい》　10本の　足が　でて　いて、いちばん　まえの　足には　大きな　ハサミが　あります。これが　カニの　ハサミに　にて　いる　ところから、カニと　いう　名まえが　ついて　いますが、ザリガニは　カニでは　ありません。エビの　なかまです。

ザリガニは　およぎが　にがてです。でも、おなかを　いきおいよく　内《うち》がわに　まげて、その　とき　おで　水を　かき、うしろのほうに　ジャンプして、いどうする　ことが　できます。

ザリガニは　きけんを　かんじたり、ほかの　ザリガニと　であったり　した　ときは、大きな　ハサミを　ふりかざして、あいてを　おどかします。ふつうは、からだの　ちいさな　ザリガニの　ほうが　にげて　しまいます。

はげしい　とっくみあいの　ときは、まけそうに　なった　ザリガニが、大きな　ハサミの　ついた　自分《じぶん》の　足を　きりはなして、にげる　ことが　あります。でも、だいじょうぶ。また　足は　はえて　きて、もとどおりに　なります。

（飯村茂樹《いいむらしげき》「でっかいぞアメリカザリガニ」）

シール

時間 25分
合かく点 70点
とく点 点

べん強した日 月 日

＊しょっかく＝ザリガニが　まわりの　様子《ようす》を　知《し》る　ために　使《つか》う、長《なが》い　ひもの　ような　体《からだ》の　一部《ぶ》。

(1) この　文章の　話題《わだい》は　どんな　ことですか。(10点)

（　　　　）の（　　　　）

(2) ――線《せん》に　ついて　答えましょう。

① ザリガニの　頭には　何《なに》が　ありますか。三つ　答えましょう。(15点)

（　　　　）（　　　　）（　　　　）

② ザリガニの　おは、どんな　ときに　やくだつか　答えましょう。(15点)

（　　　　）

③ ザリガニが　ハサミを　ふりかざすのは　どんな　ときか、二つ　答えましょう。(20点)

（　　　　）（　　　　）

④ ザリガニは　どんな　生きもののなかまですか。(15点)（　　　　）

⑤ ザリガニに「カニ」という　名まえが　ついて　いる　わけを　答えましょう。(15点)

（　　　　）

(3) この　文章の　ないようと　合《あ》って　いるものを　つぎから　えらび、記号で　答えましょう。(10点)

ア ザリガニの　ハサミは　手に　ある。
イ ザリガニは　口で　いきを　する。
ウ ザリガニは　およぎが　にがてだ。
エ ザリガニに　目は　ない。

（　　　　）

8 理由《りゆう》を 考《かんが》える

学習のねらい
説明文でも物語文でも、理由を問う問題が多く出題されます。理由を表す表現に着目しながら文脈を正しくとらえることが大切です。

べん強した日　月　日

ステップ1

1 つぎの 文章《ぶんしょう》を 読《よ》んで、あとの 問《と》いに 答《こた》えましょう。

「絵《え》の コンクールで、あなたの 作品《さくひん》は 入《にゅう》しょうしたので、これを しょうします」

おかあさんは しょうじょうを よむと、

「えらかったわねーえ、だいちゃん」

と いって、①だいちゃんを だきしめた。

それから、また うれしそうに、しょうじょうを みていたが、

「あら。これ、こばやしゆうじって かいて あるじゃないの」

と、だいちゃんの ほうに、ふしぎそうな かおを つきだした。

「うん」

だいちゃんは にこにこ わらって、おかあさんを みあげて いる。

「なまえが まちがってるわよ、これ。ゆうじくんの なまえに なってるじゃないの」

だいちゃんは ランドセルを おろすと、

「まちがってないよ。②ゆうじくんに もらったんだもーん」

かべに むかって さかだちしながら、うきうきした こえで いって いる。

「どういうこと？」

おかあさんが ③くびを かたむけて ききかえした。

「ゆうじくんが、えの しょうじょうと ねんどの しょうじょうと、2まい もらったんだよ。ぼくは いちまいも もらわなかったから、ゆうじくんが いちまい ぼ

くに　くれたんだーい」
「じゃあ、この　しょうじょう、だいすけが　もらった　わけじゃないの」
と、おかあさんは　なんだか　④おこったような　こえで　いって　いる。
（吉本直志郎《よしもとなおしろう》「ぼく、しょうじょう　もらったよ」）

(1) ——線《せん》①の　理由《りゆう》を、つぎから　えらび、記号《きごう》で　答えましょう。

ア だいちゃんの　絵が　うまかったから。
イ だいちゃんが　しょうじょうを　くれたから。
ウ だいちゃんが　うれしそうだったから。
エ だいちゃんが　しょうじょうを　もらって　きたから。

（　　）

(2) ——線②で　なぜ、ゆうじくんは　だいちゃんに　しょうじょうを　あげたのですか。

ゆうじくんは　しょうじょうを（　　）もらったけど、だいちゃんは、（　　）も　もらえなかったから。

(3) ——線③の　理由を、つぎから　えらび、記号で　答えましょう。

ア だいちゃんが　うそを　ついたから。
イ だいちゃんの　声《こえ》が　聞《き》こえないから。
ウ だいちゃんの　話《はなし》を　うたがったから。
エ だいちゃんの　話が　わからないから。

（　　）

(4) ——線④の　理由を　つぎから　えらび、記号で　答えましょう。

ア だいちゃんの　しょうじょうでは　なかったから。
イ だいちゃんに　だまされたから。
ウ だいちゃんが　からかわれたから。
エ だいちゃんが　きらいだから。

（　　）

ステップ2

シール

時間	合かく点	とく点
25分	70点	点

べん強した日　月　日

1 つぎの 文章《ぶんしょう》を 読《よ》んで、あとの 問《と》いに 答《こた》えましょう。

「おまえさん、①きのうも きょうも、はしの 上を うろついて、何《なに》か さがして いるのかね。」

「じつは、ゆめを みましてね。」

「ゆめを 見たって。どんな ゆめだね。」

「いや、なに。ロンドンばしの 上に 立って いると、いい ことが あると いう ゆめなんで。」

店《みせ》の 主人《しゅじん》は、それを 聞《き》くと ②わらいだしました。

「おまえさんも、ばかだなあ。ゆめなんかを 当《あ》てに して どうする。それより、せっせと はたらく ことさ。わたしだって、この あいだ、ふしぎな ゆめを 見たよ。スオッアムに、もの売《う》りの 男が いてさ、その 男の 家《いえ》の うらにわに、大きな かしの 木が 生えとる。その 木の ねもとを ほると、たからものが、わんさか 出て きた ゆめさ。だけど、ゆめは ゆめ、③わたしは、わざわざ 出かけて いく 気など しないね。おまえさんも、ゆめなんか わすれて、早く お帰《かえ》り。」

男は、びっくりしました。

「そりゃ、おれの うちだ。」

と、④言《い》いそうに なったのを、やっと がまんして、店の 主人に、

「ご親切《しんせつ》に、どうも ありがとさんです。」

と、ぺこりと 頭《あたま》を 下げると、いちもくさんに、⑤うちへ とんで かえりました。

そして、うらにわの かしの 木の 下を

ほって　みると、店の　主人が　言ったと
おり、たからものが　ざくざく　出て　き
ました。
（竹崎有斐《たけざきゆうひ》「ロンドンばし」）

(1)　――線《せん》①の　理由《りゆう》を　答えましょう。（20点）

（　　　　）

(2)　――線②で　店の　主人が　わらった
理由を　答えましょう。（20点）

（　　　　）

(3)　――線③の　理由を　つぎから　えらび、
記号《きごう》で　答えましょう。（20点）

ア　ゆめで　見た　ことなど、しんじら
れないから。

イ　ゆめの　ために　遠《とお》くまで　行《い》くの
が　いやだから。

ウ　もともと、たからものなどに　きょ
うみが　ないから。

エ　ゆめを　しんじて、しっぱいした
けいけんが　あるから。

（　　）

(4)　――線④の　理由を　つぎから　えらび、
記号で　答えましょう。（20点）

ア　自分《じぶん》の　家を　知《し》られるのが　いや
だったから。

イ　自分の　家だと　言ったら、また
わらわれるから。

ウ　たからものを　かくして　いる　こ
とは　ないしょだから。

エ　たからものを　ひとりじめに　した
いから。

（　　）

(5)　――線⑤の　理由を　答えましょう。（20点）

（　　　　）

ステップ３

1 つぎの 文章《ぶんしょう》を 読《よ》んで、あとの 問《と》いに 答えましょう。

おなじ しゅるいの カエルの 鳴《な》き声《ごえ》は、みんな おなじに 聞《き》こえますが、一ぴき 一ぴき、それぞれに ちがいます。

鳴き声の ちがいなんか、どうでも いいと 思《おも》ったら、①それは 大まちがい。カエルに とっては、たいへん 重大《じゅうだい》な ことなのです。なぜならば、カエルの メスは、オスを えらぶのに、鳴き声で えらぶからです。

メスの そばで、いくら オスが がんばって 鳴いても、むこうに、気に 入った 鳴き声の べつの オスが いると、メスは そちらに 行《い》って しまいます。数少《かずすく》ない メスを ふりむかせるには、カエルの ばあい、顔《かお》でも スタイルでも ありません。鳴き声です。歌《うた》が うまく なければ、メスは、ちかよって きては くれません。

ある日の 夜《よる》、わたしは、オスと メスが くみに なった アマガエルを さがして、たくさんの 田んぼを 見て まわりましたが、見つけられずに いました。今夜《こんや》は あきらめようと 思って さい後《ご》に 見た 田んぼに、［　②　］、③四組《くみ》もの ペアを 見つける ことが できました。ぐうぜんかも しれませんが、その 田んぼには、すばらしい 声の もちぬしが 数《すう》ひき いて、メスが 集《あつ》まって きて しまったのでしょう。

いちど、④実《じっ》けんした ことが あります。ペアの アマガエルを 引《ひ》きはなして、オ

シール

時間	25分
合かく点	70点
とく点	点

べん強した日　月　日

スを　さきに　はなしました。オスとの　あいだには、二ひきの　べつの　オスが　鳴いていましたが、メスは、かれらの　まえを　通《とお》りすぎて、ペアの　オスの　ところへ　行きました。

（草野慎二《くさのしんじ》「カエル　楽《たの》しい歌《うた》が聞《き》こえてくるよ」）

(1) この　文章は、どんな　ことに　ついて　書かれて　いますか。（15点）

カエルの（　　　）

(2) ――線《せん》①について　答えましょう。

① 「それ」とは、どのような　考《かんが》えの　ことか　答えましょう。（20点）

（　　　）

② どうして　「それは　大まちがい」なのか　答えましょう。（20点）

（　　　）

(3) ② に　あてはまる　言葉《ことば》を、つぎから　えらび、記号《きごう》で　答えましょう。（10点）

ア　やはり　　イ　しばらく

ウ　とても　　エ　なんと　（　　）

(4) ――線③の　理由《りゆう》を、どのように　考えて　いますか。（20点）

（　　　）

(5) ――線④の　「実けん」から　どんな　ことが　わかるか、つぎから　えらび、記号で　答えましょう。（15点）

ア　メスは　近《ちか》くに　いる　オスより　遠《とお》くの　オスを　気に　入《い》る。

イ　メスは　顔や　スタイルの　いい　オスに　近づいて　いく。

ウ　メスは　近くで　鳴いて　いる　オスに　近づいて　いく。

エ　メスは　気に　入った　オスの　鳴き声を　聞き分《わ》けられる。

（　　）

9 気《き》持《も》ちを　読《よ》み取《と》る

学習のねらい
物語の読み取りの中心は、登場人物の心情です。心情をとらえる手がかりとなる表現を注意深く読み取って、考えます。

べん強した日　月　日

ステップ1

1 つぎの　文章《ぶんしょう》を　読《よ》んで、あとの　問《と》いに　答《こた》えましょう。

たかしは、ノートを　のぞきこんで、①目のたまを　ぱちくりさせました。ひろ子の　ノートには、五日かんの　あさばんの　メニューと、いつ　なにを　かうのか、きちんと　かいて　あります。

「わかったでしょ。おりょうりも　かいものも、すべて　けいかくを　立てて　しなければ　いけないのよ。おにいちゃんでは　だめなの。」

たかしは、②しゃくに　さわりましたが、なにも　いえません。ひろ子は　さっさと　かいものに　いって　しまいました。

（たけざきゆうひ「のんびりにいさん　ちゃっかりいもうと」）

---

(1) ――線《せん》①の　たかしの　気持《きも》ちを、あとから　えらび、記号《きごう》で　答えましょう。

ア　あきれて　いる。　イ　おどろいて　いる。

ウ　よろこんで　いる。　エ　こまって　いる。

（　　）

(2) ――線②について、答えましょう。

①　どんな　ことが　しゃくに　さわったのですか。

妹《いもうと》に、おにいちゃんでは（　　）といわれたこと。

②　どんな　気持ちを　あらわして　いるか、記号で　答えましょう。

ア　かなしみ　イ　よろこび

ウ　いかり　エ　とまどい

（　　）

❷ つぎの 文章を 読んで、あとの 問いに 答えましょう。

「これが、たんじょう日の プレゼントなの？」

きいくんが、［①］ こえを だすと、おじいさんは きいくんの かたを やさしく たたきました。

「それは、ただの マッチばこなんかじゃないぞ。むかし、ドラゴンメーカーって かいしゃが つくって いた ドラゴンマッチって いうんだ」

「ふうん」

きいくんが、［②］ すると、おじいさんは、むかしを ［③］ ように いいました。

「ドラゴンマッチの マッチばこには、ほんものの ドラゴンが かくれてるって うわさが あってな。おじいちゃんが 子どもの ころは、みんなして、せっせと、この はこを あつめたものさ」

「えっ！」

きいくんが、［④］ マッチばこを みると、おじいさんは、［⑤］ わらいました。

（茂市《もいち》久美子《くみこ》「ドラゴンにごようじん」）

(1) ［①］～［⑤］に あてはまる 言葉《ことば》を、つぎから えらび、記号で 答えましょう。

ア つまらなそうに　**イ** まんぞくそうに　**ウ** おどろいて　**エ** がっかりした　**オ** なつかしむ

① （　　）　② （　　）　③ （　　）　④ （　　）　⑤ （　　）

(2) ——線の ときの きいくんの 気持ちを、記号で 答えましょう。

ア ドラゴンが 入って いるかも しれない。

イ ドラゴンが 出たら こわい。

ウ ドラゴンなんて いるはずがない。

エ おじいさんは うそつきだ。

（　　）

ステップ 2

シール

時間	合かく点	とく点
25分	70点	点

べん強した日　月　日

1 つぎの　文章《ぶんしょう》を　読《よ》んで、あとの　問《と》いに　答《こた》えましょう。

みんなの　目が、まい子に　あつまりました。けんだまを　もった　①まい子の　手が、小さく　ふるえて　います。

「しっぱいしても　いいのよ」

まい子の　みみに、リスの　子の　こえが　きこえて　きました。

まい子は、ふうっと　大きく　いきを　はきだして　いました。ふるえは　とまりました。

こしを　おとして　ほうりなげた　玉を、うけたつもりなのに、コーンと　おとを　たてて　玉は　はずれました。

「ああ、あ」

がっかりした　みんなの　こえです。まい子は　あわてました。

②「もういちど」

たかひろ先生の　大きな　こえです。

まい子は、③朝礼台《ちょうれいだい》が　さっきより　たかく　なったような　きが　しました。

それでも　「こんどこそ」と、じぶんを　はげましながら　やって　みたのに、また、しっぱいです。

「もう　一回《いっかい》」

「まいちゃん、がんばれ」

クラスの　ともだち　みんなの　こえが　そろっての　おうえんです。でも、④まい子には　なにも　きこえては　おりません。

三回めの　ちょうせんです。

スポッ

玉は　大ざらに　のりました。しっかりと　のって　くれました。

「やったあ」
「まいちゃん、やったね」
⑤みんな、とびあがったり　ばんざいを
したりです。
（宮川《みやかわ》ひろ「しっぱいのれんしゅう」）

(1) ――線《せん》①の　ときの　まい子の　気持《きも》ち
を　答えましょう。（20点）

（　　　　　　　　）

(2) ――線②の　たかひろ先生の　気持ち
を　つぎから　えらび、記号《きごう》で　答えま
しょう。（20点）

ア　まい子を　きびしく　せめて　いる。
イ　まい子を　はげまそうと　思《おも》って　いる。
ウ　やる気の　ない　まい子に　あきれて　いる。
エ　まい子の　ゆう気に　感動《かんどう》して　いる。

（　　）

(3) ――線③は　まい子の　どんな　気持ち
を　表《あらわ》して　いるか、つぎから　えらび、
記号で　答えましょう。（20点）

ア　やる気を　なくして　いる。
イ　きんちょうが　たかまって　いる。
ウ　かなしく　なって　いる。
エ　気が　楽《らく》に　なって　いる。

（　　）

(4) ――線④の　まい子の　気持ちを　つぎか
ら　えらび、記号で　答えましょう。（20点）

ア　けんだまを　せいこうさせようと、気持ちを　集中《しゅうちゅう》させて　いる。
イ　三度《さんど》も　しっぱいしたら　どうしようかと　ふあんに　なって　いる。
ウ　おうえんして　くれる　なかまの　やさしさに　感動して　いる。
エ　しっぱいしても　かまわないと　やけに　なって　いる。

（　　）

(5) ――線⑤の　みんなの　気持ちを　答え
ましょう。（20点）

（　　　　　　　　）

10

せいかくを とらえる

学習のねらい

物語文では、登場人物の行動や心情などから、その人物の性格を正しく読み取ります。そのために、細かい手がかりを見落とさないよう注意が必要です。

べん強した日　月　日

ステップ1

1 つぎの 文章《ぶんしょう》を 読《よ》んで、あとの 問《と》いに 答《こた》えましょう。

「ほら、もうすぐ かあさんが 帰《かえ》って くるから」

「ん〜」
①ねえさんが かたづけを せかしたけど、あたしは いいかげんな へんじを した。読んでた 本が、ちょうど いい とこだったからだ。
「ありさっ」

「ん〜」

「きいてんのっ!?」

「ん〜」

「だらだら してんじゃないわよ」


ねえさんが、大声《ごえ》を だしたから あたしは 本から 目を はなした。

「うるさいなあ。今《いま》 やるよ」

「ありさ、せんたくものは？」

「あ」

［②］ わすれてた。

「しんじらんない。しめっちゃうから、日の あるうちに とりこめって いったじゃない」

ねえさんったら、すんごい えらそう。

「かあさんが、がんばってんだから、やれることは 手つだおうって、やくそくしたでしょ」

あたしは、③むぎゅっとなった。ねえさんの いうとおり。だけど、だから よけいに、むっときて、あたしは ふくれた。


（長崎夏海《ながさきなつみ》「ポケットタイガー」）

(1) ——線《せん》①について、答えましょう。

① いいかげんな　へんじを　した　理《り》由《ゆう》を、記号で　答えましょう。

ア かたづけが　にがてだったから。
イ かたづける　ひつようが　ないから。
ウ おかあさんは　まだ　帰らないから。
エ 本の　つづきを　読《よ》みたいから。

（　　）

② この　様《よう》子《す》から、読み取《と》れる　ありさの　せいかくを、つぎから　えらび、記号で　答えましょう。

ア がまん強《づよ》い　イ わがまま
ウ まじめ　エ いじわる

（　　）

(2) ② に　あてはまる　言《こと》葉《ば》を、つぎから　えらび、記号で　答えましょう。

ア ほろっと　イ がさっと
ウ けろっと　エ ささっと

（　　）

(3) ——線③は、どういう　様子を　あらわしていますか。記号で　答えましょう。

ア 何《なに》も　言《い》い返《かえ》せない　様子。
イ ふまんに　思《おも》う　様子。
ウ なき出しそうに　なる　様子。
エ さびしく　なる　様子。

（　　）

(4) 「ねえさん」は、どんな　せいかくの人ですか。つぎから　えらび、記号で答えましょう。

ア えらそうに　いもうとに　めいれいする　自《じ》分《ぶん》かってな　人。
イ いもうとが　できない　ことを　てつだって　あげる　やさしい　人。
ウ いそがしい　かあさんを　すすんでたすける　思いやりの　ある　人。
エ 何《なん》でも　すぐに　やらないと　気がすまない　せっかちな　人。

（　　）

ステップ2

1 つぎの　文章《ぶんしょう》を　読《よ》んで、あとの　問《と》いに　答《こた》えましょう。

「学校、たのしかった？　もう、なれた？　先生は、やさしい？　おともだちは、できたの……？」

たつおは、あごを　上から　下に　さげて、おかあさんを　みました。

すると、おかあさんの　顔《かお》が　［　①　］　やわらかく　なります。

それで　たつおも、ほっと　します。

きょうは、ぜったい、「はい」と　いおう。

たつおは、けっしんしました。

どうして、学校に　いくと　しゃべれなく　なるのか、たつおにも、わかりません。

「なかやま　たつおくん。」

ひとみ先生が、よびました。

たつおの　口が、「は」と　いう　かたちに、なりました。

「はあい。」

そう　いったのは、うしろの　せきの　だいくんでした。

「なんだよう。おまえが　こたえて、どうすんだ？」

たつおの　となりの　はやしだくんが、だいくんの　頭《あたま》を　モノサシで　たたきました。

②「こいつ、いっつも　だまってるから、ムカつくんだよ。」

だいくんが　いいかえしました。

③「なかやまくん、いいそうに　なったのに、あんたが、じゃましたんだよ。」

ゆめちゃんが、いいました。

「そうだよ。もう　ちょっとで、いいそう

シール

時間	合かく点	とく点
25分	70点	点

べん強した日　月　日

だったのに……。」
はやしだくんも いいました。
「はいはい。じゃあ、もう 一ど。こんどは、なかやまくん、しっかりね。なかやまたつおくん。」
ひとみ先生の 声《こえ》に、クラスが しーんと しずまりました。
みんなの 目と 耳が、たつおの 「はい」を まって います。
（太田京子《おおたきょうこ》「バンザイ！なかやまくん」）

(1) ① に あてはまる 言葉《ことば》を、つぎから えらび、記号《きごう》で 答えましょう。（25点）
ア ほっと　イ どっと
ウ にこっと　エ どんと
（　　）

(2) ——線《せん》②の 様子から わかる だいくんの せいかくを つぎから えらび、記号で 答えましょう。（25点）
ア いたずらずきで やんちゃな せいかく。
イ まじめで やさしい せいかく。
ウ せきにんかんが 強《つよ》い せいかく。
エ 明《あか》るく 楽《たの》しい せいかく。
（　　）

(3) ——線③の 言葉から わかる、ゆめちゃんの せいかくを 記号で 答えましょう。（25点）
ア おこりっぽい。
イ 明るくて ふざけるのが すき。
ウ あまり 話さなくて おとなしい。
エ 気が 強いが、やさしい。
（　　）

(4) たつおの せいかくに 合う ものを つぎから えらび、記号で 答えましょう。（25点）
ア 気分が よく かわり、いやな ことも すぐ わすれて しまう。
イ はずかしがりで、お母さんを よろこばせようと する やさしさが ある。
ウ 一ど 決めた ことは やる ねばり 強さが ある。
エ 話しずきで いろいろな 人と すぐに 友だちに なれる。
（　　）

ステップ3

1 つぎの 文章《ぶんしょう》を 読《よ》んで、あとの 問《と》いに 答《こた》えましょう。

ある 日の こと、めざしを 一ぴき 手にぶらさげて、鈴木《すずき》さんが やって きました。

「とうとう、おまえさんとも おわかれだよ。」

きつねは、①おどろいたように、上を むいて、どうしてなの、という かおを しました。

「もうじき、この じょうすいじょうは こわされて、ここは、でっかい ビルの町に なるんだ。百五十かいの ビルだって いうぞ。そこに のぼると、海《うみ》まで みえるそうだ。おまえは しらないだろうけど、海は 大きくて すばらしいよ。おまえさんは どうするね。ここには すんでいられないし……。まあ、いいさ、しんぱいすることは ない。②こんどの 休みの 日にでも、西山《にしやま》に つれていって、はなしてやろう。」鈴木さんは こう いうと、きつねの、のどを こそこそと なぜて、かえって いきました。

(海が みえるって。)と、きつねは つぶやきました。

(ビルの 町だって。いいなあ、おれも、にんげんに なりたいなあ。)

きつねは、ありと あらゆる きつねの ちえを しぼって、ほっそりと うつくしい 青年に かわりました。

そして、鈴木さんに いいました。

「鈴木さん、わたしは にんげんに なって、この すみなれた 都会《とかい》で、くらして いきます。さびしい 山で、たったの ひとりぽっちに なるのは、いやなのです。」

シール

時間	合かく点	とく点
25分	70点	点

べん強した日 月 日

鈴木さんは、おどろいて　いいました。

「③きつねには、やっぱり、山が　いいよ。

都会は　あわないよ。」

すると、青年は、ほそい　かおを　はげしく　ふって、④どうしても　いやだと　いいはりました。

（角野栄子《かどのえいこ》「ビルにきえたきつね」）

(1) ——線《せん》①で　おどろいた　理由《りゆう》を　答えましょう。（20点）

（　　　）

(2) ——線②から　鈴木さんは　どんな　せいかくの　人だと　わかるか、つぎから　えらび、記号《きごう》で　答えましょう。（20点）

ア　きつねを　みすてる　つめたい　人。
イ　きつねを　思《おも》いやる　やさしい　人。
ウ　きつねを　だます　いじわるな　人。
エ　きつねを　からかう　ようきな　人。

（　　　）

(3) ——線③の　ときの　鈴木さんの　気持《も》ちを　答えましょう。（20点）

（　　　）

(4) ——線④について、答えましょう。

① 何《なに》が　いやなのですか。（20点）

（　　　）

② きつねの　せいかくを　あとから　えらび、記号で　答えましょう。（20点）

ア　一度《いちど》　決《き》めた　ことは　かえようと　しない　がんこな　せいかく。
イ　相手《あいて》の　気持ちを　考《かんが》えない　自《じ》分《ぶん》かってな　せいかく。
ウ　鈴木さんの　ために　都会に　のこる、思いやりの　ある　せいかく。
エ　なかなか　ものごとを　きめられない　せいかく。

（　　　）

11 物語《ものがたり》を 読《よ》む（1）

学習のねらい
物語文では、登場人物の心情や、その理由を読み取ることが大切です。手がかりとなる記述を見落とさず、正しく読み取れるようにします。

べん強した日　月　日

ステップ1

① つぎの 文章《ぶんしょう》を 読《よ》んで、あとの 問《と》いに 答《こた》えましょう。

「こまったなあ。」

かなこは、外《そと》へ 出ました。

それでも、なんとか して 『たつまき・ゆうじろう』を さがそうと 思《おも》いました。

「そうだ！ ねこばあなら、きっと わかるはず。」

ねこばあは、ねこを いっぱい かって いて、この 町の ねこの ことなら なんでも 知《し》って います。

ところが、……です。

「かなちゃんには わるいけど、さすがの ばあばも、ゆうじろうと いう ねこは、わからんなあ。」

おばあさんは、ほんとうに すまなさそうに 言《い》いました。

かなこは さがす 当《あ》てが なくなって、いま 来《き》た 道《みち》を とぼとぼ もどりました。

（村上《むらかみ》しいこ「ねこゆうびんきょく」）

問《とい》 ——線《せん》の 理由《りゆう》を、つぎから えらび、記号《きごう》で 答えましょう。

ア ねこばあの ところに ゆうじろうが いないから。
イ ねこばあが どこに いるか わからなかったから。
ウ どうやって ゆうじろうを さがせば いいか わからないから。
エ ゆうじろうが かなこの 言う ことを きかないから。

（　　）

2 つぎの 文章を 読んで、あとの 問いに 答えましょう。

「①おかしいな。いたく ない はずなんだけどな。」

山田先生が、のんびりした 声《こえ》で 言った。

グシュグシュ ペッと うがいして、くすりを ぬられ、さいごに おく歯《ば》に わたを ぎゅっと つめられた。

「はい、きょうは これで おしまい。」

山田先生が 頭《あたま》の 上の 明《あ》かりを パチリと けした。

なみだを ふきながら よろよろと しんさつ台《だい》から おりた とき、左がわの 女の子と 目が 合《あ》った。

(あれっ、どっかで 見た 顔《かお》……。あっ、宮辺《みやべ》かおりだ。)
②まずいよー、まずい。ぼくが ないたの、あいつに 見られちゃったじゃないか。
宮辺かおりは ぼくと 同《おな》じ 二年一組《くみ》。
クラス一 おしゃべりだから、あした ぜったい 一組じゅうの うわさに なる。

(花田鳩子《はなだはとこ》「ないしょないしょ」)

(1) ——線①の 理由を 答えましょう。
（　　　　）はずなのに、「ぼく」が（　　　　）から。

(2) ——線②について 答えましょう。
① どんな ことが まずいのですか。
「ぼく」が（　　　　）の を（　　　　）に 見られた こと。

② なぜ まずいのか、記号で 答えましょう。
ア かくれて 歯いしゃに きて いたから。
イ クラスの みんなに 話《はな》されるから。
ウ すきな 女の子の まえで ないたから。
エ 見られると はずかしいから。
（　　）

ステップ2

1 つぎの 文章《ぶんしょう》を 読《よ》んで、あとの 問《と》いに 答《こた》えましょう。

「はるえは、なにを かったの？」

「あたし？ あたしは たね。」

そう いって、わたしは、しんぶんしの ふくろから きれいな そらいろの たねを とりだして、おかあさんに みせました。

「たねって、一つぶ？」

「そう。」

「ほかには、なにを かったの？」

「なんにも。」
①「じゃあ、おつりは？」
「ないの。一つ 五ひゃくえんだもの。」

おかあさんは、あきれた という かおを して、わたしを みると、

「たねなんて ものはね、五ひゃくえんも だすと、なん十つぶって かえるのよ。」

と、いいました。

「だって、これ、おもいでの たねだもん。」

わたしが いうと、おかあさんは、

「おもいでの たね？」

と、わたしが おばあさんに きいた ことと おなじ ことを ききました。

「そう。これを まくと、おもいでの はっぱが でて くるんだって。そしてね、いろんな ことを おもいだして、たのしく なるんだって。」

「だれが いったの？」

「これを うって いた、おばあさん。」

どうせ ひまわりか なにかの たねを あおく ぬっただけの ものなのよ。それを あんな ねだんで うるなんて。②だい

シール

時間	合かく点	とく点
25分	70点	点

べん強した日 月 日

たい しょうがくせいにも なって、こんなものを かう 子が いるんだから。

おかあさんは ちいさいな こえで、だけど ちゃんと わたしに きこえるように、③ もんくを いいます。

──おかあさんなんか。あたしなんて、④おかあさんの ために かって きたんだからね。

こころの なかで、⑤わたしは おかあさんに あかんべえを します。

（石井睦美《いしいむつみ》「そらいろのひまわり」）

(1) ──線《せん》①のように 言《い》った 理由《りゆう》を 答えましょう。(20点)

一つぶの（　　　）が（　　　）も する はずが ないと 思《おも》ったから。

(2) ──線②の ときの おかあさんの 気《き》持《も》ちを 表《あらわ》した 言葉《ことば》を、文中から 書《か》きぬきましょう。(20点)

（　　　）

(3) ③に あてはまる 言葉を、あとから えらび、記号《きごう》で 答えましょう。(20点)

ア こそこそ　イ はきはき

ウ もじもじ　エ ぶつぶつ

（　　　）

(4) ──線④と ありますが、はるえは おかあさんに そらいろの たねで どう なって ほしかったのか、（　）に 言葉を 書きましょう。(20点)

いろんな（　　　）を おもいだして（　　　）なって ほしかった。

(5) ──線⑤の ときの はるえの 気持ちを つぎから えらび、記号で 答えましょう。(20点)

ア うまく だませて うれしい

イ うそが ばれて かなしい

ウ わかってもらえず くやしい

エ しっぱいして はずかしい

（　　　）

学習のねらい
物語文を読むときには、登場人物を整理し、それらの行動や様子から、心情を正しく読み取れるようにすることが大切です。

べん強した日　月　日

ステップ 1

1 つぎの 文章《ぶんしょう》を 読《よ》んで、あとの 問《と》いに 答《こた》えましょう。

「いいかい。いのちが おしかったら、だれにも しゃべるんじゃ ないよ。①王さまは 入《い》れ歯《ば》を してたんだ。口の まわりには、ごはんつぶも ついてたよ。」

ネズミが みんなに しゃべっちまった ことは、いうまでも ない。ああ、かわいそうな ブルブル……!!

「ああ、とうとう ②バレちまった。」

ブルブルは したうちを した。

「あいつは、やっぱり しゃべっちまうだろうな。」

「いや、王さまの いいつけだ。ぜったい だまって いるに ちがいない。」

「だが、入れ歯なんか した、王さまの いった ことを だれが きくだろうか。」

「ああ、いまごろは きっと、みんなで おれを わらいものに してるに きまってるんだ。まったく、③しゃくに さわる。いっその こと、あんな やつ、くっちまえば よかったんだ。」

だけど、ガタガタの 入れ歯じゃ、ネズミ 一ぴき たべる ことも できないね。

「ああ、いやだ、いやだ。」

ブルブルは、大きな おなべに、あたらしい おじやを にながら ためいきを ついた。

「なんで おれは ライオンなんかに うまれついちまったんだろう。ちっぽけな ネズミにでも 生まれていれば、こんな つらい おもいを する ことも ないのに。もっと ちっぽけな

しあわせが いっぱい あったんだろうに。」
　そのとき、
「王さま、こんにちは。」
家《いえ》の 外《そと》から たくさんの 声《こえ》が きこえた。
　ブルブルは びっくりして ふりかえった。と、あけっぱなしの ドアの むこうに、草原《そうげん》の ④どうぶつたちが ずらりと せいぞろい してるじゃ ないか。
　おじやを かくす ひまも、おそろしい 顔《かお》を つくる ひまも あった ものじゃ ない。

（舟崎克彦《ふなざきかつひこ》「王さまブルブル」）

(1) ――線《せん》①を さして いる 言葉《ことば》を、文章中から 二つ 書《か》きぬきましょう。

（　　　　）（　　　　）

(2) なにが――線②「バレちまった」のか、あとから えらび、記号《きごう》で 答えましょう。

ア ネズミが ひみつを 話《はな》した こと。
イ 王さまが 入れ歯を して いる こと。
ウ みんなが 王さまを わらって いる こと。
エ 王さまが ふるえて いる こと。（　）

(3) ――線③は どんな意味《いみ》か、つぎから えらび、記号で 答えましょう。

ア はらが たつ　イ とくいに なる
ウ うれしい　エ かなしい　（　）

(4) ――線④の ときの 王さまの 気持《きも》ちを、つぎから えらび、記号で 答えましょう。

ア おじやを みんなに 食《た》べられると 思《おも》い、がっかりする 気持ち。
イ みんなが 自分《じぶん》を 心《しん》ぱいして 来《き》て くれたので、うれしい 気持ち。
ウ 見られたく ない ところを 見られると 思い、あわてる 気持ち。
エ みんなが あやまりに 来たのだと 思い、まんぞくする 気持ち。
（　）

ステップ2

1 つぎの 文章《ぶんしょう》を 読《よ》んで、あとの 問《と》いに 答《こた》えましょう。

(ああ、はやく 大きく なりたいなあ)

ヘビは ためいきを つきました。

もし、目の まえに、あくまが あらわれ、「いのちを はんぶん くれるなら、大きく なる まほうを かけて やっても いいぜ。」といったら、たぶん、ヘビは こくんと うなずいた ことでしょう。

(大きく なれるなら、①それ くらい……)

ところが。

その ほうほうが あると、木の 上から しゃがれごえで いった ものが います。

森一ばんの ものしりの オウムでした。

「そんなぁ ことは、かんたんさ。」

「かんたん! かんたんに [②]?」


しんじられない かおで、ヘビは オウムを 見あげました。

「そうよ。[③]よ。あれを 見てみな。」

オウムは、木の むこうを あごで さしました。

ゾウが、木の はを むしって います。

「ゾウさん……」

「でっかい ゾウさんと、いって ほしかったね。」

「でっかい ゾウさん……」

「そう、そう、でっかい ゾウさん。その④ゾウさんは、なぜ でっかく なったのかね。」

「かあさんと とうさんが 大きかったから。」

ヘビは あたりまえな ことを いいました。

「なるほど、それも ある。が、もう 一

シール

時間	合かく点	とく点
25分	70点	点

べん強した日 月 日

つ、だいじな ことが ある。」

「もう 一つ……、だ、い、じ、な、こ、と。」

「そうよ、もりもり たべたって ことさ。もりもり たべる ものは、もりもり 大きく なる。」

「もりもり たべる ものは、もりもり 大きく なる!」

小さな ヘビは、ぱっと かおが かがやきました。⑤

（内田《うちだ》麟太郎《りんたろう》「でっかい でっかい でっかい」）

(1) ——線《せん》①が さす ないようを つぎから えらび、記号《きごう》で 答えましょう。(20点)

ア あくまに あう こと。

イ まほうを かける こと。

ウ いのちを はんぶん あげる こと。

エ こくんと うなずく こと。

（　　）

(2) ② に あてはまる 言葉《ことば》を、つぎから えらび、記号で 答えましょう。(20点)

ア 大きく なれる　イ しんじられるの

ウ 教《おし》えるの　エ わかるの

（　　）

(3) ③ に あてはまる 言葉を、四字で 答えましょう。(20点)

(4) ——線④と ありますが、ゾウが 大きくなった だいじな 理由《りゆう》は どんなことか 答えましょう。(20点)

（　　）

(5) ——線⑤の ときの、ヘビの 気持《きも》ちを 答えましょう。(20点)

（　　）

13 物《もの》語《がたり》を読《よ》む（3）

学習のねらい

物語文を読むときは、人物の言葉や表情から気持ちを読み取ることが大切です。また、そのような気持ちでなった理由についても、あわせて考えるようにします。

べん強した日　月　日

ステップ1

1 つぎの 文章《ぶんしょう》を 読《よ》んで、あとの 問《と》いに 答《こた》えましょう。

「①やあ、マッシーラ。ぼくに なにか ようかい」

いきなり、目の まえへ とびだした ウベベに、マッシーラが ②うろたえたの なんのって。目を パチパチ させながら、

「こ、こんにちは、ウベベ。ぼく、ゆうびんを たのもうと おもって……」

「あとを つけてきた、と いうのかね。そうじゃ ないだろう。また なにか いたずらを する つもりで ついて きたんだろう」

「そうじゃ ないよ。こまっちゃうなあ」

マッシーラは、ほんとうに こまったような かおを して みせる。

「では なんの ようで、ぼくの あとを こっそり つけて きたり したんだ?」

「ゆうびんを たのみたいからだよ。でも、ぼくは いつも いたずらばかり してるから、ぼくの たのみなんか きいて くれないんじゃないかと おもってね。なかなか ちかよれなかったんだ」

「ゆうびんって、だれに とどけるんだい」

すると マッシーラは、ウベベの かおを じっと みつめ、すこし かすれた こえで、

「ヌーボーだよ、クマの……」

③ヌーボーだと! 森の はずれに ひとりぼっちで くらして いて、めったに すがたを みせる ことの ない、あの 黒《くろ》クマ……。

ちょっと あるいても そこいらじゅう

に　じひびきが　するほど、からだが　大きく、力も　つよい。だから、いじわるでも　なければ、らんぼうものでも　ないのに、ヌーボーは、みんなから　おそれられ、だれ　ひとり　ちかづきたがらない。もちろん、ゆうびんを　だすものも　いやしない。

その　ヌーボーに、また　なんだって……。

（森山《もりやま》　京《みやこ》「森のゆうびんや」）

(1)　――線《せん》①について、答えましょう。

①　ウベベは、マッシーラが　何《なに》を　しようと　して　いると　思《おも》って　いますか。

なにか（　　　）を　しようと　して　ついて　きて　いると　思って　いる。

②　マッシーラは　どんな　ようが　あったのか、記号《きごう》で　答えましょう。

ア　ウベベに　あう　こと。

イ　ゆうびんを　たのむ　こと。

ウ　いたずらを　する　こと。

エ　あとを　つける　こと。（　　）

(2)　――線②の　様子《ようす》を　表《あらわ》して　いるか、記号で　答えましょう。

ア　よろこぶ　ようす。イ　かなしむ　ようす。ウ　あわてる　ようす。エ　おちこむ　ようす。（　　）

(3)　――線③の　ときの　ウベベの　気持《きも》ちを、記号で　答えましょう。

ア　遠《とお》くの　森の　はずれに　くらす　ヌーボーの　家《いえ》まで　行《い》きたくない。

イ　だれも　ちかづかない　ヌーボーへの　ゆうびんを　たのまれて　おどろいて　いる。

ウ　ひとりぼっちの　ヌーボーに　ともだちが　いると　知《し》って　うれしい。

エ　いじわるで　らんぼうものの　ヌーボーに　ゆうびんを　とどけるのが　いやだ。（　　）

ステップ2

1 つぎの 文章《ぶんしょう》を 読《よ》んで、あとの 問《と》いに 答《こた》えましょう。

「ただいま」

「おかえり。校庭《こうてい》へは 行《い》かないの？」

おかあさんは ふりかえって 言《い》うなり、グラブの 中の 子ダヌキに 目を 落《お》として、①おどろいた 顔《かお》に なりました。

「死《し》にそうなんだ。ハチの ちちで 育《そだ》てられないかと 思《おも》って」

「良男《よしお》の 言うことなら、きくかも しれないね。やってみな。だめだったら、ハチを 育てた ときの ＊ほにゅうビンが あるから」

ハチも、良男が ひろって きた すて犬《いぬ》でした。

良男は、②こきゅうだけを して 動《うご》かなく なった 子ダヌキを だいて、ハチの ところに 行きました。

「ハチ」

大きな 犬小屋《ごや》の 中で、子犬に ちちを 飲《の》ませて いた ハチが 起《お》き上がろうと しました。

「いいんだ。その ままで」

良男は、ハチに そう 言って、犬小屋の 前《まえ》に しゃがみました。ハチは、しっぽで よろこびながら、手の 中の 子ダヌキを 気に しています。

「たすけて くれないか。弱《よわ》って いて 死にそうなんだ」

そう 言いながら、良男は、グラブを はずして、子ダヌキを 手で だきました。

さからわないのでは なく、もう、③さからう ことも できないのだろうと 思うと、

シール

時間	合かく点	とく点
25分	70点	点

べん強した日 月 日

かなしく なりました。
ハチの ちちに 子ダヌキを 近《ちか》づけた とき、ハチが うなり声《ごえ》を 上げました。
「うなったら、だめ。たすけて あげて」
強《つよ》く 言って、いのるような 気持《きも》ちで ハチの 目を 見つめました。
④「ほら、鼻《はな》で ちちの においを かいでる」
いつのまにか うしろに 立って いた おかあさんが 言いました。ハチが 受《う》けいれて くれれば たすかると 思いました。ハチは うなるのを やめて、良男に したがいました。

（笹山久三《ささやまきゅうぞう》「きみのおかげだよ」）

＊ほにゅうビン＝赤ちゃんに ミルクを のませる ときに つかう 入れもの

(1) ——線《せん》①で、おかあさんが おどろいた 理由《りゆう》を 答えましょう。(25点)

（　　　　）

(2) ——線②で ハチの ところへ 行った 理由を 答えましょう。(25点)

（　　　　）

(3) ——線③の 理由を つぎから えらび、記号で 答えましょう。(25点)

ア ハチが こわくて 動けないから。
イ 良男が しっかり おさえて いるから。
ウ 死にそうな じょうたいで 動けないから。
エ 良男に なれて 安心《あんしん》して いるから。

（　　）

(4) ——線④の ときの 良男の 気持ちを 答えましょう。(25点)

（　　　　）

ステップ３

シール

時間 25分
合かく点 70点
とく点　　点

べん強した日　月　日

1 つぎの 文章《ぶんしょう》を 読《よ》んで、あとの 問《と》いに 答《こた》えましょう。

おとうさんと おかあさんが、はたけの ほうへ、でて いきました。

あゆみは、①きのうまで つかって いた ちいさい いすに、子ジカの ②ネムが すわって いるのを みて、ケーキを ひときれ あげました。

「ネム、たべてね。おかあさんの やいた、おたんじょう日の ケーキよ。」

ネムは、ふわふわの 大きな 耳と、ぴょんと たった しっぽの、ぬいぐるみの 子ジカです。

「あゆみちゃん、ぼくも、そっちへ いきたいよ。おっきい テーブルで、ケーキを たべたいよ。」

ネムが、ちいさい いすの うえで、せのびを して あゆみに いいました。

「あら、でも、ネムは まだ ちいさいんでしょ。あゆみはね、もうじき おねえちゃんに なるの。だから、この おっきい いすに すわっても いいの。」

ネムは、③あゆみの ことばに ［④　　］、大きな 黒《くろ》い目を まるくしました。

原《はら》っぱへ フキノトウを つみに いく ときも、あゆみの おとうさんの ジープに のって、町へ かいものに いくときも、あゆみと ネムは、いつも いっしょでした。

あゆみが はじめて、さんりん車に のった ときも、あゆみが、夜《よる》 ひとりで ベッドに ねるように なった ときも、あゆみと ネムは いつも いっしょでした。

それなのに、あゆみは、せの たかい、あたらしい いすに、ネムを すわらせてくれないのです。

（［⑤］よ、ぼく。）

（いぬいとみこ「あゆみとひみつのおともだち」）

(1) ——線《せん》①と ありますが、あゆみは なぜ ちいさい いすを つかわなく なったのですか。（20点）

（　　　　）

(2) ——線②「ネム」とは 何《なん》ですか。くわしく 答えましょう。（20点）

（　　　　）

(3) ——線③について、答えましょう。

「あゆみの ことば」とは どのような ないようですか。つぎから えらび、記《き》号《ごう》で 答えましょう。（20点）

ア ネムは まだ ちいさいと いわれた こと。

イ ネムは 大きい いすに すわらせないと いわれた こと。

ウ あゆみが もうすぐ おねえちゃんに なると いわれた こと。

エ あゆみに ケーキを たべるように いわれた こと。

（　　）

(4) ［④］に あてはまる 言葉《ことば》を、つぎから えらび、記号《きごう》で 答えましょう。（20点）

ア うれしくて　イ おかしくて

ウ がっかりして　エ びっくりして

（　　）

(5) ［⑤］に あてはまる 言葉を、つぎから えらび、記号で 答えましょう。（20点）

ア つまんない　イ うれしい

ウ こまった　エ しんぱいだ

（　　）

14 せつ明《めい》文を 読《よ》む (1)

学習のねらい

説明文では、接続語や指示語などに注意しながら、中心となる話題がどのようなものかを正しくとらえることが大切です。

べん強した日　月　日

ステップ1

❶ つぎの 文章《ぶんしょう》を 読《よ》んで、あとの 問《と》いに 答《こた》えましょう。

①野山《のやま》が みどりに そまると、鳥《とり》たちの さえずりが さかんに なります。すがたは みえなくても、さえずる 声《こえ》の しゅるいが 日ましに 多《おお》く なるのに 気づく ことでしょう。

その なかには、日本に わたって きた ことを しらせる わたり鳥の 声も、まじって います。こん虫など、えさの 多い きせつを 日本で すごす ため ②わたって きた 夏《なつ》鳥たちです。

目的地《もくてきち》に ついた 夏鳥の オスは、森や 野原《のはら》や 水べで、なわばりを しゅちょうして さえずります。その さえずりは、メスを よぶ オスたち じまんの うたごえでも あるのです。

（行田哲夫《ぎょうだてつお》「わたり鳥《とり》のひみつ」）

(1) ――線《せん》①の きせつを 答えましょう。

ア 春《はる》　イ 夏《なつ》　ウ 秋《あき》　エ 冬《ふゆ》　（　　）

(2) ――線②について 答えましょう。

① 夏鳥は 夏に 日本に くる 理由《りゆう》を、記号で 答えましょう。

ア 夏の 日本は あたたかいから。
イ 夏の 日本は すずしいから。
ウ 夏の 日本は えさが 多いから。
エ 夏の 日本は あついから。　（　　）

② 夏鳥の オスは なぜ さえずるのですか。

（　　　　　　）を よぶため。

❷ つぎの 文章を 読んで、あとの 問いに 答えましょう。

春《はる》の 花畑《はなばたけ》は、花の みつを すいに きた モンシロチョウで いっぱいです。よく みると、モンシロチョウが よく あつまる 花が あるようです。①モンシロチョウは、どんな 花に あつまる のでしょう。

よく かんさつして みると、チョウには 花の すききらいが あるようです。

モンシロチョウは、むらさき、黄《き》、青など の 色《いろ》の 花に あつまります。なかでも 黄色い 花が すきなようです。赤い 花でも、おしべが 黄色で めだって いると、その 色に ひかれて やって きます。また、アゲハチョウは モンシロチョウと ちがって [②] が すきなようです。ですから、ツツジや ヒガンバナなど の 赤い 花に よく あつまります。

このように、チョウの 花の 色の このみが ちがうので、③みつあらそいは いくらか すくなく なって いるのかも しれません。

（小原嘉明《おばらよしあき》「チョウのへんしん」）

(1) ――線①が、いちばん すきな 花を つぎから えらび、記号で 答えましょう。

ア 青い 花　イ むらさきの 花。

ウ 赤い 花　エ 黄色い 花　（　　）

(2) [②] に あてはまる 言葉《ことば》を、あとから えらび、記号で 答えましょう。

ア 白い 色　イ 黄色い 色

ウ 赤い 色　エ 青い 色　（　　）

(3) ――線③と ありますが、その 理由を 書《か》きましょう。

チョウは しゅるいに よって 花の （　　）の（　　）が ちがう から。

ステップ 2

1 つぎの　文章《ぶんしょう》を　読《よ》んで、あとの　問《と》いに　答《こた》えましょう。

　①モンシロチョウの　たまごは、ほそながい　ラグビーボールのような　形《かたち》を　して　います。はじめは　うすい　黄色を　して　いますが、たまごの　なかで　あかちゃん(よう虫《ちゅう》)が　そだつに　つれ、こい　黄色に　かわり、さいごは　だいだい色に　なります。たまごの　さきが　すきとおって　きたら、もうすぐ　あかちゃんの　たんじょうです。

　うみつけられて　一週間後《いっしゅうかんご》に、たまごの　上の　ほうを　かじって、②モンシロチョウの　よう虫が　そとへ　でてきました。頭《あたま》でっかちで、体《からだ》は　黄色い　色を　して　います。

　しばらく　すると、よう虫は　おもしろい　行動《こうどう》を　はじめます。いま　じぶんが　でて　きた　たまごの　からを　たべはじめるのです。

　それは、たまごの　からには　よう虫に　とって　たいせつな　よう分《ぶん》が、ふくまれて　いるからだと　いわれて　います。

　[③]、モンシロチョウの　よう虫の　ことを　④アオムシと　いいますが、体は　黄色いのに、なぜ　アオムシと　いうのでしょう。

　からを　たべおえた　よう虫は、こんどは　キャベツなどの　葉《は》に　かじりつきます。緑《みどり》の　葉を　たべて　そだつに　つれて、体の　色《いろ》も　緑色に　かわって　きます。こうして　よう虫は、緑色の　アオムシに　なるのです。

　モンシロチョウの　よう虫の　体の　皮《かわ》は、やわらかそうに　みえますが、のばしたり　ひろげたりする　ことが　できません。ですから、よう虫の　体が　だんだん

シール

時間
25分
合かく点
70点
とく点
点

べん強した日　月　日

おおきく なると、きゅうくつに なって きます。そのため よう虫は、もとの ふるい 皮を ぬいで あたらしい おおきな 皮に かえます。これを ⑤だっ皮《ぴ》と いいます。

（小原《おばら》嘉明《よしあき》「チョウのへんしん」）

(1) ――線《せん》①が どう へんかするか じゅん番《ばん》に ならべましょう。(10点)

ア こい 黄色　イ さきが すきとおる

ウ だいだい色　エ うすい 黄色

（　）→（　）→（　）→（　）

(2) ――線②について 答えましょう。

① 「よう虫」は さいしょに 何《なに》を 食《た》べますか。(15点)

（　）

② 「よう虫」が ①の ものを 食べるのは なぜか 答えましょう。(15点)

（　）

(3) ③ に あてはまる 言葉《ことば》を、つぎから えらび、記号《きごう》で 答えましょう。(15点)

ア たとえば　イ つまり

ウ だから　エ ところで

（　）

(4) ――線④について 答えましょう。

① 「アオムシ」は はじめは 何色ですか。(15点)

（　）

② なぜ 「アオムシ」と いわれるのか、答えましょう。(15点)

（　）

(5) ――線⑤「だっ皮」とは、どのような ものか、答えましょう。(15点)

（　）

15 せつ明《め》文を 読《よ》む (2)

学習のねらい
説明文を読むときは、大事な言葉に注意して、書かれている内容を、順序よく、正しく読み取ることが大切です。

べん強した日　月　日

ステップ1

1 つぎの 文章《ぶんしょう》を 読《よ》んで、あとの 問《と》いに 答《こた》えましょう。

すぐに できる ことを えい語《ご》で インスタントと いいます。だから、①インスタントラーメンは、すぐに できる ラーメンと いう 意味《いみ》です。

いまから ＊三〇年ほどまえ、一九五八（昭《しょう》和《わ》三三）年の 秋《あき》に、日清食品《にっしんしょくひん》と いう 会《かい》社《しゃ》が、②チキンラーメンを うりだしました。チキンラーメンは、めんを どんぶりに いれて、お湯《ゆ》を かけるだけの もので、これが インスタントラーメンの はじまりです。その ころは、インスタントラーメンの ことを、そくせき（すぐできること）ラーメンと よんで いました。

そして、一九五九（昭和《しょうわ》三四）年に、いまの 天《てん》のうと こうごうが、けっこんされました。この とき テレビで、けっこん式《しき》の パレードが 放送《ほうそう》される ことに なりました。この パレードを たのしみに して、日本全国《ぜんこく》の 人たちが、この 放送を みました。

そして、この 放送の なかで、そくせきラーメンの コマーシャルが ながれたのです。コマーシャルを みて、そくせきラーメンを 食《た》べて みたいと おもった 人が、たくさん いたようで、それから そくせきラーメンが、とぶように うれはじめました。

（高野《たかの》 澄《きよし》「いろいろなたべもののはじまり Ⅰ」）

＊三〇年ほどまえ＝この文章《ぶんしょう》が 書《か》かれた ときから 三〇年ほど 前《まえ》の こと。

(1) 線《せん》①について、答えましょう。

① 「インスタント」とは、どういう　意味か　記号《きごう》で　答えましょう。

ア すぐに　できると　いう　意味。

イ かんたんだと　いう　意味。

ウ お湯を　かけると　いう　意味。

エ おいしいと　いう　意味。（　　）

② 「インスタント」と　同《おな》じ　意味の　言葉《ことば》を　文中から　四字で　書きぬきましょう。

(2) 線②について　答えましょう。

① チキンラーメンを　うりだしてから、とぶように　うれるように　なるまで　何年《なんねん》　かかりましたか。（　　）年

② チキンラーメンは、どのように　つくるのですか。

（　　）を（　　）に　いれて、（　　）を　かけて　つくる。

③ チキンラーメンが　とぶように　うれるように　なったのは　なぜか、つぎから　えらび、記号で　答えましょう。

ア 放送で　天のうと　こうごうが、けっこん式の　ときに　めしあがるのを　多《おお》くの　人が　見たから。

イ テレビの　放送が　はじまって、いろいろな　コマーシャルが　ながれるように　なったから。

ウ 天のうと　こうごうの　けっこん式の　パレードの　放送で　ながれた　コマーシャルを　多くの　人が　見たから。

エ 天のうと　こうごうの、けっこん式に　さんかした　多くの　人が　チキンラーメンを　食べていたから。（　　）

ステップ2

時間 25分　合かく点 70点　とく点　点

べん強した日　月　日

シール

1 つぎの　文章《ぶんしょう》を　読《よ》んで、あとの　問《と》いに　答《こた》えましょう。

太陽《たいよう》の　光《ひかり》が　さしこむ　あかるい　海《うみ》には、いろいろな　さかなが　います。岩《いわ》に　ついた　海草《かいそう》も　大きく　そだっています。

みあげると、水面《すいめん》が　きらきらと　かがやき、ふかい　ほうには　青い　海が　どこまでも　つづいて　います。

ふかさ　200メートル。だいぶ　くらくなって、まん月の　よると　おなじくらいです。水面では　ま夏《なつ》の　太陽が　ぎらぎらと　てりつけて　いると　いうのに、①ここはれいぞうこの　なかより　つめたいのです。

えさを　ひろって　いるのは　タカアシガニです。あしを　ひろげると、3メートルにも　なる　世界一《せかいいち》　大きな　かにで、日本　ちかくの　海にしか　すんで　いません。

うすぐらい　海を　キンメダイが　およいで　います。大きな　目が、きっと　やくに　たつでしょう。

からだの　赤い　色《いろ》が　きれいですね。

[②]、赤い　色は、ふかい　海では　黒《くろ》にしか　みえません。なぜかって？　ためしに　赤い　水着《みずぎ》を　水の　なかで　みてみましょう。水の　外《そと》で　みるほどの　赤さは　かんじられない　はずです。

白い　つぶつぶが、まるで　雪《ゆき》のようにしずかに　ふりそそいで　います。③これはあさい　海の　小さな　いきもの（プランクトン）が　死《し》んだもので、マリンスノー（海の雪）と　よばれて　います。

（武田正倫《たけだまさつね》「ふかい海のさかな」）

(1) この 文章を 二つの まとまりに わけると、二つ目の まとまりは どこから はじまりますか。二つ目の まとまりの はじめの 三字を 書《か》きぬきましょう。(10点)

(2) ――線《せん》①について、答えましょう。

① 「ここ」とは どんな ところか 答えましょう。(10点)

(　　　　)

② 「ここ」の 明《あか》るさは どのくらいか、答えましょう。(10点)

(　　　　)

③ 「ここ」に くらす 生きものを 二つ 答えましょう。(20点)

(　　　　)

(3) ② に あてはまる 言葉《ことば》を、つぎから えらび、記号《きごう》で 答えましょう。(15点)

ア でも　イ つまり
ウ そして　エ なぜなら

(　　)

(4) ――線③は 何《なん》と よばれていますか。(15点)

(　　)

(5) この 文章の ないようと 合《あ》う ものを、つぎから えらび、記号で 答えましょう。(20点)

ア ふかい 海には さかなは あまり いないが、海草は 大きく そだつ。
イ ふかい 海の 中には、白い 雪が ふって いる。
ウ 200メートルの ふかさの 海は、れいぞうこの なかより つめたい。
エ 赤い 色は、さかなの 目では 黒く 見える。

(　　)

16 手紙《てがみ》・生活文《せいかつぶん》を 読《よ》む

学習のねらい

生活文は、何について書かれているのかに、手紙文では、どのようなことを伝えたいのかに注目しながら読み進めることが大切です。

べん強した日　月　日

ステップ1

1 つぎの 作文《さくぶん》を 読《よ》んで、あとの 問《と》いに 答《こた》えましょう。

先週《せんしゅう》の 日曜日《にちようび》、わたしは、お母《かあ》さんと、ちいきの せいそう活動《かつどう》に さんかしました。町を きれいにして、気持《きも》ちよく くらせるように する ための 活動です。

わたしと お母さんは、わかば公園《こうえん》の そうじを たんとうしました。いちばん たいへんだったのは、いけがきの 中の ごみを ひろう ことです。入《い》り組《く》んだ 木の 中に 手を のばして、一つひとつ ごみを 取《と》り出すのは たいへんな 手間《てま》でした。

でも、そうじが 終《お》わって きれいに なると、とても 気分《きぶん》が よかったです。

(1) この 作文は、いつ、何《なに》を した ことを 書《か》いて いますか。

・いつ（　　　　）

・何を（　　　　）

(2) どんな ことが いちばん たいへんだったと 書いて いますか。つぎから えらび、記号で 答えましょう。

ア 小さい ごみを ひろう こと。

イ いけがきの 中の ごみを ひろう こと。

ウ わかば公園まで、歩《ある》いて 行《い》く こと。

エ 重《おも》い にもつを 運《はこ》ぶ こと。（　　）

(3) この 作文の 題名《だいめい》として ふさわしいものを、つぎから えらび、記号《きごう》で 答えましょう。

ア いけがき　イ わかば公園　ウ せいそう活動　エ たいへんな こと（　　）

❷ つぎの 手紙文《てがみぶん》を 読んで、あとの 問いに 答えましょう。

おじいさん

[①]。

ぼくは、元気《げんき》です。

ぼくは、夏休《なつやす》みに、おじいさんの 家《いえ》に あそびに 行きたいと 思《おも》って います。いつもは お父《とう》さんの 車で いっしょに 行くけど、こんどは、自分《じぶん》だけで 電《でん》車《しゃ》で 行こうと 思って います。

ぼくは、おじいさんと いっしょに 魚《さかな》つりに 行く つもりです。魚つりの 名人の おじいさんから、つりの しかたを 教《おそ》わりたいと 思っています。

[②]、夏休みに 会《あ》えるのを 楽《たの》しみに して います。体《からだ》に 気を つけて おすごしください。

---

(1) [①]には どんな ことを 書《か》けば よいと 思いますか。つぎから えらび、記号で 答えましょう。

ア いま、どこに いますか。
イ もう、朝《あさ》ごはんは 食《た》べましたか。
ウ 元気に すごして いますか。
エ そちらは 今《いま》 何時《なんじ》ですか。

（　　）

(2) 「おじいさん」は、どんな人だと 書かれていますか。

（　　）の（　　）

(3) 「ぼく」は、どんな ことを したいと 書いていますか。

（　　）

(4) [②]に あてはまる 言葉《ことば》を、つぎから えらび、記号で 答えましょう。

ア そして　イ では
ウ だけど　エ なぜなら

（　　）

ステップ2

シール

時間	合かく点	とく点
25分	70点	点

べん強した日　月　日

1 つぎの　作文《さくぶん》を　読《よ》んで、あとの　問《と》いに　答《こた》えましょう。

工場見学《こうじょうけんがく》

先週《せんしゅう》の　火曜日《かようび》、学校《がっこう》で、リサイクル工場の　工場見学に　行《い》きました。

工場では、紙《かみ》を　リサイクルする　様子《ようす》を　見学しました。たくさんの　使《つか》い古《ふる》した　紙が　集《あつ》まって　きて、それを　さい生《せい》紙《し》に　するのです。リサイクルで　大切《たいせつ》な　ことは、古い　紙を　集める　とき　しっかり　しゅるいごとに　分《わ》ける　ことだと　係《かかり》の　人が　わたしに　教《おし》えて　くれました。

わたしは、つぎの　日から、しっかり　紙の　しゅるいごとに　古い　紙を　まとめるように　注意《ちゅうい》して　います。

(1) この　作文は、いつ、どこへ　何《なに》を　しに　行った　ことを　書《か》いて　いますか。（10点）

・いつ（　　　　）

・どこへ（　　　　）

・何を（　　　　）

(2) ――線《せん》と　同《おな》じ　意味《いみ》に　なるように、「わたしは」から　はじめて　答えましょう。（15点）

（わたしは、　　　　）

(3) 紙の　リサイクルで　大切な　ことは　どんな　ことだと　書いて　いましたか。（15点）

（　　　　）

2 **つぎの 案内状《あんないじょう》を 読んで、あとの 問いに 答えましょう。**

　六月三十日の 木曜日、わたしたちの あおば小学校では、がっしょうコンクールを する ことに なりました。
　この 日のために わたしたちの クラスでは いっしょうけんめい がっしょうの 練習《れんしゅう》を して きました。①その せいかを 見て ほしいと 思《おも》う。
　場所《ばしょ》は あおば小学校の 体育《たいいく》かんです。会場《かいじょう》には、ちゅう車場が ないので、電車《でんしゃ》や バスを 使《つか》って 来《き》て ください。②がっしょうコンクールは、午後三時《ごごさんじ》には 終《お》わる 予定《よてい》です。
　では、来て くれるのを 楽《たの》しみに して います。

(1) この 手紙《てがみ》は 何《なん》の 案内を して いるのですか。(15点)

（　　　　）

(2) 会場に 来《く》る とき、どんな ことに 注意するよう 書いて いましたか。(15点)

（　　　　）

(3) ――線①を ほかの 部分《ぶぶん》に 合《あ》わせて 正しく 書きなおしましょう。(15点)

（　　　　）

(4) ――線②に どんな ないようを つけくわえる ひつようが ありますか。つぎから えらび、記号《きごう》で 答えましょう。(15点)

ア がっしょうコンクールを する 場所
イ がっしょうコンクールが はじまる 時間《じかん》
ウ がっしょうコンクールの 入場料《にゅうじょうりょう》
エ 会場の ざせきの 数《かず》

（　　）

ステップ３

1 つぎの 文章《ぶんしょう》を 読《よ》んで、あとの 問《と》いに 答《こた》えましょう。

ヒマワリの ことを、フランスや イタリアなどでは「太陽《たいよう》に ついて まわる 花」と よぶそうです。黄色《きいろ》くて 大きな 花だから、まるで 太陽のように 見えるので そう よんだのでしょうか。それとも、ほんとうに、ヒマワリの 花は、太陽の うごくのに つれて、うごくのでしょうか。

［①］、ヒマワリの 花が 太陽を おって うごくのなら、ひるごろには、空の ほうに 花を 向《む》ける はずです。ひるごろの ヒマワリの 花を 見ても、どれも、朝《あさ》と おなじ 向きに なって いて、空を 向いて いる 花は ありませんでした。②「太陽に ついて まわる 花」では ないのです。

［③］、草や 木は、光《ひかり》の くる ほうに のびて いく せいしつが あります。草や 木を うえた うえ木ばちを まどべに おくと、草や 木は、まどの そとの ほうへ くきを まげます。草や 木の くきは、光が あたる はんたいがわが、よく 生長《せいちょう》する しくみに なって いるのです。ヒマワリにも、④この せいしつが ある はずです。

ヒマワリは、まだ 小さい ときには、くきを 太陽を おいかけるように うごかして いるかも しれません。

⑤朝、ひる、夕方《ゆうがた》と 三かい、ヒマワリの なえを かんさつして みました。すると、朝、くきの いちばん 上を、東《ひがし》の ほう（　⑥　）に 向けて いました。そして、ひるには 上を 向き、夕方には

西《にし》の　ほう（太陽が　しずむ　ほう）を　向きました。ヒマワリの　なえは、太陽を　おって　うごいて　いるのです。

（真船和夫《まふねかずお》・江川多喜雄《えがわたきお》「草花がうごくひみつ」）

(1) ① に　あてはまる　言葉《ことば》を、つぎから　えらび、答えましょう。（10点）

ア　まるで　イ　たとえ

ウ　もし　エ　ぜったい

（　　）

(2) ——線《せん》②と　言《い》えるのは　なぜか、答えましょう。（15点）

（　　）

(3) ③ に　あてはまる　言葉を、つぎから　えらび、答えましょう。（15点）

ア　でも　イ　だから

ウ　つまり　エ　それとも

（　　）

(4) ——線④は、どのような　せいしつか　答えましょう。（15点）

（　　）

(5) ——線⑤は、どのような　ヒマワリの　なえの　どのような　ことを　かんさつするのか、答えましょう。（15点）

（　　）

(6) ⑥ に　あてはまる　言葉を、ここより　あとの　ないようを　手がかりに　考《かんが》えて　答えましょう。（15点）

（　　）

(7) この　文章で　一ばん　つたえたい　ことは　どんな　ことか　答えましょう。（15点）

（　　）

17 詩《し》を読《よ》む (1)

学習のねらい

詩を読むときは、使われている一つ一つの言葉に注意しながら、描かれている様子や気持ちを正しく読み取ることが大切です。

べん強した日　月　日

ステップ1

❶ つぎの　詩《し》を　読《よ》んで、あとの　問《と》いに　答《こた》えましょう。

□の水

武村志保《たけむらしほ》

水のはいった　コップを
めの上まで　もっていくと
①あの大きな山が
コップの中に　はいってしまう

まい朝《あさ》　かおをあらうとき
ぼくは　②そのコップの水をのむんだ
いまにプロレスラーのように
大きくて強《つよ》くなれるかな

(1) ――線《せん》①は　どのような　様子《ようす》か　つぎから　えらび、記号《きごう》で　答えましょう。

ア　コップを　通《とお》して　山が　見える。
イ　コップが　山を　かくして　しまう。
ウ　コップの　水が　にごって　いる。
エ　コップを　もつ　手に　力が　入って　いる。

（　　）

(2) ――線②から　読み取《と》れる　気持《きも》ちを　つぎから　えらび、記号で　答えましょう。

ア　苦《くる》しいけれど　がんばろう。
イ　大きくて　強い　人に　なりたい。
ウ　今日も　楽《たの》しく　すごしたい。
エ　学校に　行《い》きたく　ない。

（　　）

(3) □に　あてはまる　言葉《ことば》を　詩《し》の　中から　書《か》きぬきましょう。

（　　）

2 つぎの 詩を 読んで、あとの 問いに 答えましょう。

□の風《かぜ》

高田敏子《たかだとしこ》

風が ふいて いる
子どもが 風に ふかれて いる
水たまりが 落《お》ちて いる
あの 道《みち》に
この 道に

①子どもは
水たまりの 上を とんで ゆく
風に ふかれて とんで ゆく
青空が 光《ひか》って いる
②ももの 花が ゆれて いる
水たまりの 中で……

(1) ――線①は、どんな 様子を 表《あらわ》して いるか、記号で 答えましょう。

ア 雨の 中を いそいで 帰《かえ》る 様子。
イ さむさに たえきれない 様子。
ウ 外《そと》を 元気《げんき》に かけまわる 様子。
エ 子どもが 家《いえ》に こもって いる 様子。

（　　）

(2) ――線②は、どんな 様子を 表して いるか、記号で 答えましょう。

ア 水たまりに 花が 落《お》ちて いる。
イ 雲《くも》が ももの 花のように 見える。
ウ 子どもが ももの 花を もって いる。
エ 水たまりに ももの 花が うつって いる。

（　　）

(3) □に あてはまる 言葉《ことば》を つぎから えらび、記号で 答えましょう。

ア 春《はる》　イ 夏《なつ》
ウ 秋《あき》　エ 冬《ふゆ》

（　　）

ステップ 2

1 つぎの 詩《し》を 読《よ》んで、あとの 問《と》いに 答《こた》えましょう。

レモン・ジュース
与《よ》田《だ》準《じゅん》一《いち》

レモン・ジュースを
スーイ スーイ、
すいあげるんだ
ストローは。

ストロー ストロー、三、四、五、
六、七、八、九、十本《じっぽん》も
つなげた ケンぼう いすの 上、
そこから コップに さしこんで。

「ぼくの はつめい、ママ！ 見にきて！」
なんの ことかと、ママが きて、
びっくり しゃっくり、おどろいた。
「ね、ほら、ジュースの エレベーター。」

(1) ——線《せん》について 答えましょう。

① どのような ものを 「はつめい」 したのか、答えましょう。(10点)

（　　　　）

② 「はつめい」の 名前《なまえ》は 何《なん》ですか。(15点)

（　　　　）

(2) この 詩《し》の せつめいとして 正しい ものを、つぎから えらび、記号《きごう》で 答えましょう。(15点)

ア 決《き》まった 音数《おんすう》が あり、リズムが ある。
イ ゆめで みたことを えがいて いる。
ウ さびしい 気持《きも》ちが えがかれて いる。
エ よびかけるように 書いて いる。（　　）

シール

時間
25分
合かく点
70点
とく点
点

べん強した日 月 日

2 つぎの　詩を　読んで、あとの　問いに　答えましょう。

にじ

原田直友《はらだなおとも》

おおい
①にじが　出てるよう

林の　小鳥《ことり》よ　見てるかい
野《の》の　虫も　見てるかい
小川《おがわ》の　魚《さかな》も　見てるかい

アリも　すから　早《はよ》う　出て　おいで
②セミも　歌《うた》うのを　やめて
ちょっと　見上げて　ごらん

向《む》こうの
山の　上の
大きな　七色《なないろ》の　橋《はし》だよ

---

(1) ――線①に ついて 答えましょう。(30点)

① 「にじ」は　どこに　出て　いますか。

（　　　　）

② 「にじ」と　同《おな》じ　意味《いみ》を　表《あらわ》して　いる　ひょうげんを　詩の　中から　書きぬきましょう。

（　　　　）

(2) ――線②は、どのような　様子を　表して　いますか。(15点)

（　　　　）

(3) この　詩は　どのように　読《よ》めば　よいか、記号で　答えましょう。(15点)

ア 小さな　声《こえ》で　ささやくように　読む。
イ みんなに　よびかけるように　読む。
ウ リズムを　つけて　力強《ちからづよ》く　読む。
エ かんじょうを　こめずに　読む。

（　　　　）

18 詩《し》を読《よ》む（2）

学習のねらい

詩には様々な表現技法が用いられます。そうした表現に注意しながら、詩の主題を読み取ることが大切です。

べん強した日　月　日

ステップ1

1 つぎの　詩《し》を　読《よ》んで、あとの　問《と》いに　答《こた》えましょう。

おいのり　原田直友《はらだなおとも》

十《とお》も　おねがいごとをして
①あつかましかったでしょうか
神《かみ》さま

②みんなは　とてもだめなら
半分《はんぶん》でも
いいえ　二つでも
一つでもよろしいのです
と　また
わたしは　ながい　③　をした

(1) ——線《せん》①の　言葉《ことば》の　意味《いみ》を、つぎから　えらび、記号《きごう》で　答えましょう。

ア　ずうずうしい　イ　たのしい
ウ　ありがたい　エ　めずらしい
（　　）

(2) ——線②「みんな」とは　どんな　意味か、つぎから　えらび、記号で　答えましょう。

ア　十の　ねがいを　みんな　かなえること。
イ　ぜんいんの　ねがいを　かなえること。
ウ　ぜんいんと　なかよく　なること。
エ　半分の　ねがいを　かなえること。
（　　）

(3) ③に　あてはまる　言葉を、詩の　中から　書きぬきましょう。
（　　）

2 つぎの 詩を 読んで、あとの 問いに 答えましょう。

こどもの 歯《は》

木村信子《きむらのぶこ》

ろうろう
*びろうどの そら
①こどもが
ぬけた 歯 を
ほうりあげる
りゅうの 歯 と
とりかえておくれ
②こどもの 歯 は
あおい びろうどに
③つつまれて
かみさまの
つくえの うえに
のって いる。

*びろうど＝表面《ひょうめん》がなめらかなおりもの。

(1) ――線①の ときの こどもの 気持《きも》ちを、つぎから えらび、記号で 答えましょう。
ア じょうぶな 歯が はえて ほしい。
イ 歯が ぬけてしまい かなしい。
ウ 歯など どこかへ いって しまえ。
エ りゅうに 歯を ぶつけよう。（　）

(2) ――線②は どんな 様子《ようす》か、つぎから えらび、記号で 答えましょう。
ア 歯が 地面《じめん》に おちた 様子。
イ 歯が あおい ぬのに つつまれた 様子。
ウ 歯が そらに むかって とぶ 様子。
エ 歯が ぬけて 血《ち》が 出る 様子。（　）

(3) ――線③は 何の ことか、つぎから えらび、記号で 答えましょう。
ア 山の 上　イ うちゅう
ウ やねの 上　エ まどの そと（　）

ステップ 2

1 つぎの 詩《し》を 読《よ》んで、あとの 問《と》いに 答《こた》えましょう。

話《はな》す　　くどうなおこ

犬の しっぽが
いそがしい ホウキのように ゆれたら
「あえて うれしいよ」
ねこの のどが
ちいさな [②] のように 鳴《な》ったら
「ああ いいきもち」
うさぎの 耳が
キオツケをしてるように ぴんと立ったら
「や きをつけろ!」
にんげんは 「にんげん語《ご》」を 話すけど
どうぶつたちも 「[④]語」を 話してるね

(1) ――線《せん》①は、どんな 様子《ようす》ですか。(10点)
（　　　）

(2) [②] に あてはまる 言葉《ことば》を、つぎから えらび、記号《きごう》で 答えましょう。(10点)
ア ピアノ　イ カミナリ
ウ シンバル　エ きゅうきゅう車《しゃ》
（　　）

(3) ――線③は、どんな 様子ですか。(15点)
（　　　）

(4) [④] に あてはまる 言葉を、考《かんが》えて 答えましょう。(10点)
（　　）

シール

時間	25分
合かく点	70点
とく点	点

べん強した日　月　日

2 つぎの 詩を 読んで、あとの 問いに 答えましょう。

おしっこのタンク

阪田《さかた》寛夫《ひろお》

タンク　まんタン
ひゃくリッター
いっぱい　ぱい
①こぼしちゃたいへん
②いってきまあす
③そおろそろ

のんだ　ときには
［④］だった
ほんと　だよ
なぜだろ　ほかほか
ゆげが　でまあす
［⑤］

---

(1) ——線①と ありますが、「こぼす」とは どういうことですか。(10点)

（　　　　）

(2) ——線②は、どこに いくのですか。(10点)

（　　　　）

(3) ——線③から どんな 様子が 読みとれますか。(15点)

（　　　　）

(4) ［④］に あてはまる 言葉を、つぎから えらび、記号で 答えましょう。(10点)

ア おちゃ　イ みず
ウ コーヒー　エ ぎゅうにゅう

（　　）

(5) ［⑤］に あてはまる 言葉を、つぎから えらび、記号で 答えましょう。(10点)

ア みず　イ おしっこ
ウ おゆ　エ おちゃ

（　　）

ステップ３

1 つぎの 詩《し》を 読《よ》んで、あとの 問《と》いに 答《こた》えましょう。

にぎりこぶし

村野四郎《むらのしろう》

悲《かな》しいときや苦《くる》しいとき、
ぼくはいつも
こぶしをかたくにぎりしめる
すると、①苦しみや悲しみは、
みんな ぼくからにげてゆく
②勉強《べんきょう》でなきたくなったとき、
ぼくはぐっと
こぶしを　かたくにぎりしめる
すると、［　③　］。
また、北風《きたかぜ》が［　④　］ふいて
⑤ぼくをいじめるとき
ぼくはむねをはり、
ぐっと、こぶしをにぎりしめる
すると、風《かぜ》のやつ、
急《きゅう》に道《みち》ばたの木へにげ帰《かえ》り
えだを、ガサガサ　⑥くやしそうに
ゆすっているんだ。

(1) ――線《せん》①は、どのような 様子か、つぎから えらび、記号で 答えましょう。(10点)

ア「ぼく」が 苦しみや 悲しみの ない 場所《ばしょ》へ にげだす 様子。

イ「ぼく」が 苦しみや 悲しみを わすれて しまう 様子。

ウ「ぼく」が 苦しみや 悲しみを のりこえる 様子。

エ「ぼく」が 苦しみや 悲しみを 強《つよ》

シール

時間	合かく点	とく点	べん強した日
25分	70点	点	月　日

く　感《かん》じる　様子。

(2) ――線②は　どんな　様子を　表《あらわ》しているか、答えましょう。(20点)

（　　　　）

(3) ③に　あてはまる　言葉《ことば》を、つぎから　えらび、記号で　答えましょう。(10点)

ア 本など　どこかへ　とんで　いって　しまう

イ ぼくは　空を　じゆうに　とんで　いる

ウ 勉強など　どうでも　よくなって　いる

エ 本の　字が　はっきり　見えて　くる

（　　）

(4) ④に　あてはまる　言葉を、つぎから　えらび、記号で　答えましょう。(10点)

ア チョロチョロ　　イ ピューピュー

ウ ソヨソヨ　　エ ガランガラン

（　　）

(5) ――線⑤は　どんな　様子を　表しているか、答えましょう。(20点)

（　　　　）

(6) ――線⑥から「ぼく」のどんな　気持《きも》ちが　読み取《と》れますか、つぎから　えらび、記号で　答えましょう。(10点)

ア にくらしく　思《おも》う　気持ち。

イ ほこらしく　思う　気持ち。

ウ つまらなく　思う　気持ち。

エ なつかしく　思う　気持ち。

（　　）

(7) この　詩に　こめられた　作者《さくしゃ》の　気持ちを　まとめましょう。(20点)

（　　　　）ときには、（　　）ときや、（　　）を　ぐっと（　　）ことで、それに　うちかとうと　する　気持ち。

そうふくしゅうテスト❶

シール

時間 45分
合かく点 70点
とく点 点

べん強した日 月 日

1 つぎの 文章《ぶんしょう》を 読《よ》んで、あとの 問《と》いに 答《こた》えましょう。

となりの せきの 西岡《にしおか》くんは、五月の はじめに 二年二組《くみ》に 転校《てんこう》して きた。

休み時間《じかん》、「サッカーしよう？」って みんなが さそっても 下を むいて ［①］ して いる。ともみが 話《はな》しかけても、はずかしそうに して いるだけだ。

でもね。きのう 国語《こくご》の じゅぎょうで ネコの 話《はなし》が 出て きた とき、ともみが こっそり 西岡くんに きいたんだ。

「［②］ すき？」って……。

そうしたら 西岡くん。「うん」って こたえた。

ともみは、カナヘビ*を 入れた ふでばこを ③全速力《ぜんそくりょく》で 学校まで 走《はし》った。

学校に つくと、西岡くんは もう 来《き》ていて、自分《じぶん》の せきに すわって いた。

「おはよう、西岡くん！ ほら、これ、見て。」

ともみは ランドセルを しょった まま いすに すわり、ふでばこを あけて 西岡くんに 見せた。

西岡くんが 首《くび》を のばして のぞきこんだ とたん、カナヘビも 首を ひょいと のばした。

「ギャーッ！ キョウリュウ！」

大きな 声《こえ》で さけんで、西岡くんは いすから とびあがった。そして、すごい いきおいで 教室《きょうしつ》から 出て いった。

「なんだ、なんだ！」

まどの 近《ちか》くで あそんで いた 大《だい》ちゃんや ゆう太《た》くんたちが、とんで きた。

「どうしたの？」
みさちゃんも　やって　きた。
教室に　いた　みんなが、ともみの　せきに　あつまって　きた。
ともみは　④あわてて　ふでばこの　ふたを　しめて、つくえの　中に　かくした。
（カナヘビの　こと、先生にも　みんなにも、見つかったら　たいへんだ。）

＊カナヘビ＝小さな　トカゲの　なかま。

（花田鳩子《はなだはとこ》「ふでばこの中の　キョウリュウ」）

(1) ①に　あてはまる　言葉《ことば》を、つぎから　えらび、記号《きごう》で　答えましょう。（5点）

ア いらいら　**イ** じりじり
ウ もじもじ　**エ** くらくら
（　　）

(2) ②に　あてはまる　言葉を、つぎから　えらび、記号で　答えましょう。（10点）

ア くだもの　**イ** うんどう
ウ おえかき　**エ** どうぶつ
（　　）

(3) ――線《せん》③とありますが、なぜか　答えましょう。（10点）

（　　）

(4) ――線④とありますが、「あわてて」いるのは　なぜか　答えましょう。（10点）

（　　）

(5) ともみは、どのような　せいかくの　子ですか。記号で　答えましょう。（10点）

ア 友《とも》だちを　おどろかせて　よろこぶ、いじわるな　子。
イ いつも　しっぱいばかり　する、おっちょこちょいな　子。
ウ 転校生を　よろこばせようと　がんばる、やさしい　子。
エ クラスの　みんなを　まとめる、せきにんかんの　強《つよ》い　子。
（　　）

2 つぎの 文章《ぶんしょう》を 読《よ》んで、あとの 問《と》いに 答《こた》えましょう。

クリの 木には、虫や 小鳥《ことり》や けものたちが あつまって きます。みなさんは もう その わけを 知《し》って いますね。①クリの 木は、しぜんの しょくどうだからです。

はや、木の みきから 出る しる、花の みつや 花ふんを 食《た》べる 虫たちが、まず あつまります。つづいて、②そういう虫を 食べる 虫や 小鳥や 小さな けものも やって きます。 ③ 、ときには チョウゲンボーと いう タカの なかまも すがたを あらわします。

このように、クリの 木を 中心《ちゅうしん》に して 食《く》う ものと 食われる ものの くさりのような つながりが できあがるのです。

クリの 木に あつまる どうぶつたちの 食べ物《もの》の もとは、クリの はです。

もし、クリの 木の はを 食べる 虫が ふえすぎて はを ぜんぶ 食べて しまったら クリの 木も かれてしまうし、虫や 鳥や けものたちも、生きていけなく なるでしょう。

しかし、しぜんの 林の なかの クリの 木では、④そうした ことは おこりません。はを 食べる 虫が ふえると、その虫を 食べる 虫が ふえ、小鳥も たくさん やってきて、はを 食べる 虫を どんどん 食べて しまうからです。

しぜんの なかで くらす 生きものの 数《かず》は、食べたり 食べられたり することで、いつも つりあいが とれているのです。

（真船和夫《まふねかずお》「しょくぶつの せかい」）

(1) ——線《せん》①は どういう ことを 表《あらわ》して いるか、つぎから えらび、記号《きごう》で 答えましょう。（10点）

ア 林の 生きものは、みんな くりの 実を 食べるという こと。

イ クリの 木で 食うものと 食われる ものの つながりが できて いること。

ウ クリの 実は、えいようが ほうふな 食べものだという こと。

エ 多《おお》くの 人が クリの 実を ひろいにくるという こと。

（　　）

(2) ——線②「そういう 虫」とありますが、どんな 虫か 答えましょう。（10点）

（　　）

(3) ③ に あてはまる 言葉《ことば》を、つぎから えらび、記号で 答えましょう。（5点）

ア だから　イ しかし

ウ つまり　エ また

（　　）

(4) ——線④について、答えましょう。

① 「そうした こと」とは、どんな ことか 答えましょう。（10点）

（　　）

② 「そうした ことは おこりません」という 理由《りゆう》を 答えましょう。（10点）

（　　）

(5) 文章の ないようと 合《あ》うものを、あとから えらび、記号で 答えましょう。（10点）

ア クリの 木には、はや 花の みつなどを 食べる 小鳥が あつまる。

イ クリの 木に あつまる どうぶつたちの 食べ物の もとは 実《み》である。

ウ 生きものの 数は、食べたり 食べられたり することで つりあいが とれる。

エ クリの はを 食べる 虫は、いなくなった ほうが よい。

（　　）

そうふくしゅうテスト❷

1 つぎの 文章《ぶんしょう》を 読《よ》んで、あとの 問《と》いに 答《こた》えましょう。

「ごめんね。あそべないんだ。だって、これから お出かけするんだもん。」

「ふうん。どこへ いくの？」

「ゆうえんち。パパが つれて いって くれるの。じゃあ、ばいばあい。」

やっくんは [①] したように 手を ふって はしって いって しまいました。

（いいなあ……。ぼくも、たまには 日よう日に、おとうさんと お出かけしたいなあ。）

たくやの おとうさんは しょうぼうかん。しょうぼうかんは、火じから くらしを まもる しごとを して います。

お休みの 日も、しょうぼうしょで、すぐに うごきだせるように、じゅんびを ととのえて いなければ なりません。

（おとうさんが、だいじな しごとを して いる ことは わかってる。でも、やっぱり ②<u>つまんないなあ。</u>）

たくやは、[③] と ふくれながら いえに むかいました。

いえの ちかくで、ようちえんの ときから なかよしの、ちかちゃんに よびとめられました。

「たくちゃん、どこに いってたの？」

「こうえん。ねえ、あそぼうか。」

「だめなの。これから、パパと ママと デパートに いくから。またね。」

「そう……、じゃあ、ばいばい。」

いえに つくと、たくやは、げんかんの ドアを [④]、らんぼうに しめました。

シール

時間	合かく点	とく点
35分	70点	点

べん強した日　月　日

すると、いもうとの　はるなが　出て
きて、いったのです。
⑤「しいっ、おにいちゃん、しずかに。おとうさん、いま　ねた　ところよ。」
たくやは、おとうさんの　ねて　いる
へやに　はしって　いくと、ふとんの　上
に　とびのりました。
それから、力いっぱい　ゆすったのです。
「おとうさん、おきて。ねえ、どこかに
つれて　いってよ。」
でも、おとうさんは、もぐもぐと　ふとん
に　もぐって　いったきり　うごきません。
「おきて、おきてったら。」
たくやが、ふとんを　［⑥］　たたいて
いると、おかあさんが　やって　きました。
おかあさんは、⑦けわしい　かおを　して、
たくやを　だき上げました。

「おとうさんはね、きのうも、その　まえの
日も　ねないで　おしごと　だったの。きょ
うは、ゆっくり　ねかせて　あげようね。」
「いやだ！　どこかへ　いきたいよ。」
「じゃあ、おかあさんと　いきましょう。」
「おとうさんと　いっしょが　いい！」
「こんど、たくやの　お休みと　おとうさ
んの　お休みが、おなじ　日に　なった
ときに　出かけましょ。ねっ？」
たくやは、おかあさんの　うでを　すりぬ
けて、子どもべやに　はしって　いきました。
ひとりに　なった　とたん、⑧なみだが
あふれ出て　きました。
「ねぼすけとうさんなんか　きらい。日よ
う日も　大きらい！」
（おかのぶこ「おとうさんは　しょうぼうかん」）

(1)　［　］①・③・④・⑥に　あてはまる
言葉《ことば》を、つぎから　えらび、記号《きごう》で　答

えましょう。(20点)

ア うきうき　イ プッと

ウ パシパシ　エ バシッと

①（　　）③（　　）④（　　）⑥（　　）

(2) ——線《せん》②と　ありますが、たくやは　ほんとうは　どんな　ことが　したいのか、答えましょう。(15点)

（　　　　　　　　）

(3) ——線⑤の　様子《ようす》から、読み取《と》れる　いもうとの　はるなの　せいかくを　答えましょう。(15点)

（　　　　　　　　）

(4) ——線⑦について　答えましょう。

① 「けわしい」とは、どのような　意味《いみ》ですか。あとから　えらび、記号で答えましょう。(15点)

ア きびしい　イ やさしい

ウ うれしい　エ しんぱい　（　　）

② この　ときの　おかあさんの　気持《きも》ちとして　正しくない　ものを　つぎからえらび、記号で　答えましょう。(15点)

ア おとうさんを　ゆっくり　休ませてあげたい。

イ おとうさんの　くろうを　わかってほしい。

ウ おとうさんと　あそべない　たくやが　かわいそうだ。

エ おとうさんに　たくやと　あそびにいってやって　ほしい。（　　）

(5) ——線⑧の　ときの　たくやの　気持ちを　答えましょう。(20点)

（　　　　　　　　）

ひっぱると，はずして使えます。

小2

標準問題集

国語 読解力

答え

小学2年

答え

国語 読解力／標準問題集

1 言葉の 意味

● 2・3ページ（ステップ1）

❶ ①エ ②ウ ③イ ④ア

❷ ①ウ ②イ ③エ ④ア

考え方 ❶①「にわかに」は、「きゅうに」という意味です。「にわか雨」は、急に降り出した雨のことです。②「まったく」は、下に「……ない」という打ち消しが続く言葉です。「まったく変わっていない」というように使います。③「当分」は「しばらくのあいだ」という意味です。④「しっくり」は、物と物、人と人の関係がぴったりしている様子を表します。「上司との関係はしっくりしない。」などのように使います。

❷①「とつぜん」は「きゅうに」「思いがけず」「不意に」「にわかに」などと同じような意味を表します。②「おそらく」は、下に「……だろう」などの表現がつながります。「おそらく雨もあがるだろう」のように使います。③「ちょくせつ」は、間に何かを介さずに、という意味です。④「せっかく」は「わざわざ」のほか、「せっかくの休日」のように、めったに手に入らない恵まれた状況をありがたく思う気持ちを表します。

ここに注意 分からない言葉は、こまめに辞書などで意味を調べることが大切です。意味だけではなく、使い方の用例なども読む習慣をつけます。

❸ ①エ ②ア ③エ ④ウ ⑤ア

❹ ①ウ ②イ ③ア ④エ ⑤ア

考え方 ❸①「とまどう」は、どう対応してよいか分からず、まごまごする様子です。②「ためらう」は、決心がつかずにぐずぐずする様子のことです。③「こころみる」は、ためしにやってみるという意味です。④「おかしい」は、さまざまな意味を表す「多義語」です。例文をしっかり読んで、どんな意味を表しているか、正しく読み取れるようにします。⑤「しんせんだ」は、肉や魚、野菜などが新しい様子のほか、「新鮮なおどろき」のように、今までにない新しさを感じる様子や、「新鮮な空気」のように、よごれがなく澄んでいる様子などを表します。

● 4・5ページ（ステップ2）

1 (1)(例)まぶしい

(2)ウ

(3)③(例)なんとなく 気持ちが わるいと かんじて。

④(例)なかまはずれ

考え方 (1)「まばゆい」が、「ひかり」という言葉を詳しくしていることを読み取ります。またその光は、おおかみや、おじろわしたちが「おそれを なし、しかたちをおそうのを あきらめて」しまうようなひかりであることも、手がかりとなります。

(2)前後の文脈からふさわしい言葉を選びます。「おかげ」は、「ほかのものから受けた恩恵」という意味です。前の部分で、ニサタのつののひかりをおそれて、おおかみや、おじろわしたちが、しかたちをおそうのをあきらめていること、後の部分で、しかたちが安心して暮らせることが書かれています。(3)③「きみわるがって」は、「気持ち」が「わるい」と感じる様子です。④「のけもの」の「のけ」は「のける」＝「除外する」という意味です。仲間から除外する、つまり、なかまはずれという意味を表します。

2 (1)ア

(2)②(例)いろいろな 場所。

③(例)使い道が なくなった いら

なくなった　もの。
(3)イ
(4)(例)一部分が　こわれる。
考え方　(1)「夕がたまでかかる」は、それだけの時間を使うという意味です。(2)②「あちこち」は、「あちらこちら」と同じ意味です。「あっちやこっちなど、いろんな場所」のことです。③「ガラクタ」は、「足のおれたテーブル」、「ガタガタの　いす」など、役に立たなくなったもののことです。(3)本文の傍線部に、それぞれの言葉を当てはめて確認します。(4)「かける」は、(1)の「かかる」とは違う言葉です。使い方や意味の違いを整理しておきます。

ここに注意　言葉の意味を覚えるだけではなく、文脈から意味を類推する力を身につけることも大切です。分からないからあきらめるのではなく、自分なりに考えてみる習慣をつけることが大切です。

2 表げんを　つかむ

● 6・7ページ（ステップ1）

❶ ①ウ　②イ　③エ　④ア
❷ ①イ　②ウ　③イ　④ア
考え方　❶似ている擬態語でも、使い方が異なります。それぞれ、例文からどのような様子を表しているのかを読み取って考えます。ア「ちかちか」は、光が点滅する様子や、光などの刺激で目が痛くなるような感じを表します。イ「ぴかぴか」は、断続的に光る様子や、つやがあってきれいな様子、新品である様子などを表します。ウ「ぎらぎら」は、強く、どぎつく光る様子を表します。エ「きらきら」は、光りかがやく様子を表します。❷①「夏の　あつさ」の中で、「つらい」湿気のある様子を表す言葉は、「むしむし」です。ア「ぽかぽか」は心地よい温かさ。ウ「ぎしぎし」は、あつさには用いません。エ「ほかほか」は、気温ではなく、物の温度が温かい様子を表します。②「さわやかに　ふく　春の　風」の様子を表す言葉を選びます。ア「びゅうびゅう」、イ「ぴゅーぴゅー」、エ「ごうごう」は、それぞれ風の強い様子を表す言葉です。③「水が　こおる」様子を表す言葉を選びます。イ「かちかち」以外は、氷の様子を表しません。④「のこのこ」は、その場の状態などを気にしないで姿を現したり、出歩いたりする様子を表す言葉です。
❸ ①ア　②イ　③ウ　④イ
❹ ①オ　②イ　③ア　④ウ　⑤エ
考え方　❸①「はだのうつくしさ」を、「雪」にたとえています。その際、雪の特徴を「冷たい」「白い」など、いくつか考えて、「はだのうつくしさ」に共通するものを選びます。②「元気な男の子のほっぺ」を、「りんご」にたとえています。③「すもうとり」の様子を、「きかんしゃ」に例えています。④「食べたごはん」の量を「山」に例えています。❹①「そわそわ」は、他のことが気になっておちつきがなくなる様子を表します。②「はきはき」は、聞き取りやすい言葉を発する様子です。③「いそいそ」は、うれしそうな様子を表す言葉です。④「てきぱき」は、作業などが効率的に行われる様子を表します。⑤「だらだら」は、気分などが緩んでしまりのない様子を表します。

ここに注意　❸比喩表現の問題です。たとえるものとたとえられるものの共通点を意識して考えます。❹それぞれ、気持ちや様子を表す副詞を選ぶ問題です。

● 8・9ページ（ステップ2）

❶ (1)ア
(2)(例)いそいで　はしって　いる　様子。
(3)(例)あいてに　したがわない　様子。
(4)(例)どうして　よいか　わからず　とまどう　様子。
(5)(例)自分の　じじょうを　せつめいすること。
(6)イ
考え方　(1)「ぜんぜん」は、下に打ち消しの表現が続く言葉です。このように、決まった表現が続く副詞を「呼応の副詞(陳述の副詞)」といいます。決まり言葉なので、セットで覚えます。(2)「ささっと」「ささっと」「さっと」などは、素早く行動する様子を表します。ここでは、素早く走っている様子を表しています。(3)「そっぽをむく」は、決まった表現で、本来、見るべきところを見ないで、関係ないところを見るという意味から転じて、相手に従わない様子を表すようになりました。(4)「おろおろ」は、どうしてよいか分からない様子を表します。また、本文の内容から、あさのさんを連れていきたいけれど、そっぽをむいて、へんじもしてくれない態度をとられ、困り果てる様子から、意味を推測することができます。(5)同じような意味の言葉に、「べんかい」「べんめい」「しゃくめい」などがあります。(6)「つんと」は、あいそがない様子を表す言葉です。

● 10・11ページ（ステップ3）

❶ (1)ウ
(2)(例)光男さんの　ブイヤベースの　あじが　いまひとつだ　という　ことば。
(3)エ
(4)ウ
(5)(例)びっくりした　気持ちを　おちつけようと　する　様子。
(6)ウ

考え方　(1)光男さんが、声のしたほうを見ると、「青い　目の　ネコと　目が　あった」のです。話しているのがネコかもしれないと思って、光男さんは驚いているのです。(2)ネコの言葉を受けて、光男さんは「いったい、ぼくの　ブイヤベースの、どこが、あじが　いま　ひとつなのか　言ってみろよ」と言っています。つまり、ネコは光男さんに、光男さんの作ったブイヤベースのあじがいまひとつだという内容の発言をしたことが分かります。(3)光男さんは、話しかけてきたのがネコであると知り、信じられないという思いになっています。そうした光男さんの様子を表す言葉は、エの「ぽかんと」です。(4)多義語の問題です。「うるさい」は、音が大きくて邪魔に感じる様子を表すことが多い言葉ですが、ほかにも、注意などがしつこい様子、扱いに手間がかかってやっかいな様子、高い水準を求める様子などを表します。(5)直前に「ネコがしゃべった！」とあるように、光男さんは、ネコに話しかけられて驚いています。しかし、傍線部の後、光男さんは冷静にネコに話しかけていることから、この動作で、冷静さを取り戻そうとしていることが読み取れます。(6)ネコに、自分のブイヤベースの作り方を言い当てられ、おどろいているのです。

3　こそあど言葉

● 12・13ページ（ステップ1）

❶ ①ア　②ウ　③エ
❷ ①イ　②エ　③ウ

考え方　❶①「わたしが　もって　いる」絵なので、一番近い場所を指し示す「この」が入ります。②「遠くに　見える」山なので、一番遠い場所を指し示す「あの」が入ります。③どれであるか限定しない「どの」が入ります。

ここに注意　❷それぞれ、空欄にこそあど言葉をあてはめて考えることが大切です。

❸ ①ウ　②ウ　③イ
❹ ①ぼうえんきょう
②(おもしろそうな)本
③図書かん　④(高い)ビル

考え方　❸①「そこ」で「ともだちに　でくわした」とあります。つまり、「どこで　ともだちに　でくわした」のか考えればよいのです。②「それ」を「使って　絵を　かいた」のですから、「何を　使って　絵を　かいた」のか考えます。③「ぼくも」「あちら」に「行って　みたい」のですから、「どこに　行って　みたい」のか、考えます。❹それぞれのこそあど言葉に、指し示す内容を当てはめて文を読み直すと誤りを防ぐことができます。①「なにが、ぼくの　たからもの」なのかを考えます。②「なにを かして」ほしいのかを考えます。③「どこに 行く よてい」なのかを読み取ります。④「なにを 目じるしに 歩」くのかを読み取ります。

ここに注意 それぞれ、こそあど言葉のあとの内容を手がかりに、それらが指し示す内容を考えます。

● **14・15ページ（ステップ2）**

1 (1)①(例)いふくや 食べもの、家など(、いろいろな もの) ②(例)食べもの
(2)イ
(3)(例)こうかんの なかだち(として つかうように なった もの)

考え方 (1)①「それらを ぜんぶ 自分で 作るのは たいへんです」とあります。「何をぜんぶ 自分で 作るのは たいへん」なのかと考えて解答します。②「それを 作って いる 人の なかで……」とあります。何を作っている人なのか、読み取って解答します。(2)前の段落で説明した内容を指し示す、こそあど言葉です。選択肢の言葉をそれぞれ当てはめて、ふさわしい言葉を見つけます。(3)「どんなことがお金のはじまり」なのかを考えます。直前に、お金のはじまりについて説明されています。

2 (1)(例)(ひに あたって)赤く なった ひふ。
(2)(例)(いらなく なった)ひに やけた ひふ。

考え方 (1)「かるい やけどを したのと おなじ」なのは、どんなことなのかを読み取ります。(2)「うすい かわと なって はがれて いく」のは何かを読み取って解答します。直前に「ひに やけた ひふは、もう いりません」とあります。もういらないので、はがれていくのです。

ここに注意 こそあど言葉が指し示す内容は、それよりも前の部分に書かれていることがほとんどです。見つけた内容を、こそあど言葉の部分に当てはめて、正しいかどうか確かめるようにします。

4 文と 文を つなぐ 言葉 ……

● **16・17ページ（ステップ1）**

1 ①イ ②ア ③エ
2 ①イ ②ウ ③ア

考え方 **1**①前の文が原因を、あとの文がその結果を表しています。順接の接続語が入ります。②前後の文の内容が、逆の内容になっています。逆接の接続語がはいります。③前の文が結果、あとの文がその原因を述べています。**2**①二つのもののうち、どちらかを選ばせる内容です。②前の文の内容に、あとの文が付け加えています。③前の文の内容から、話題を変えています。

3 ①ア ②ウ ③ウ
4 ①ア ②イ

考え方 それぞれ、例文に選択肢の接続語を当てはめて考えるとまちがいが減ります。**3**①前の内容から予想しにくい内容があとに続いています。ですから、逆接の働きの接続語を探します。②前の文の内容に付け加える働きの接続語を考えます。③前の文に詳しく説明を加える働きの接続語を見つけます。**4**①二つのうちから選択する働きの接続語です。②前の段落と、あとの段落をつなぐ接続語です。「死んで しまったよう」という内容と、逆の内容の段落がつながっている点に注目します。

ここに注意 つながっている二つの言葉や文などの関係を示すつなぎ言葉を「接続語」と言います。

● **18・19ページ（ステップ2）**

1 (1)イ
(2)エ

考え方 (1)前のできごとに続いて、あとのできごとが起こる様子を表しています。(2)前には、電気はどこにもでることができないという内容があり、あとには、電気をとおさない空気のかべをやぶるとあります。相

反する内容が続くので、逆接の接続語を選びます。

2
(1)イ
(2)ウ

考え方　(1)前にいたみを感じる理由が書かれていて、その結果、ちゅうしゃばりでさされたときの痛みが忘れられないという結果が続いています。(2)ひとがいたみを感じる理由を、並べて説明しています。付け加える働きをする「また」が当てはまります。

● 20・21ページ（ステップ3）

1
(1)ア
(2)エ
(3)うんち・おしっこ(以上順不同)・なめて
(4)(例)フンフンフンと　いう、あかちゃんの　声と、ピチャピチャピチャと　いう、おかあさんが、あかちゃんを　なめる　音。
(5)ウ
(6)①(例)おかあさんが、あかちゃんの　うんちや　おしっこを　なめたり、たべたり　する　こと。
②(例)うんちや　おしっこは、きたない　ものだと、おそわって　きたから。

考え方　(1)前の部分では、森のびょういんでは入院した動物が赤ちゃんを産むことがあるという内容が、あとの部分では、その結果、当然あるであろう、赤ちゃんのうんちやおしっこが見当たらないという内容が書かれています。よって、前の内容とあとの内容が逆になっている逆接の接続語が入ります。(2)赤ちゃんのうんちやおしっこが見当たらないことと、赤ちゃんの体がうんちやおしっこで汚れていないという、病院に入院した動物が赤ちゃんを産んだ結果として予想できない内容が並べて述べられています。よって、「それに」という添加の接続語が入ります。(3)まず、何について「なぜでしょう」といっているのかを読み取ります。うまれてきた赤ちゃんのうんちやおしっこが見当たらず、体も汚れていないことについて、「なぜでしょう」と疑問を投げかけているのです。(4)赤ちゃんの「フンフンフン」という声と、おかあさんが「ピチャピチャピチャ」と赤ちゃんをなめる音の二つの音を指し示している点に注意します。(5)前の内容が原因で、あとの内容がその結果になっています。

5　いつ　どこで　だれが　何を　したか　……

● 22・23ページ（ステップ1）

1
(1)ウ
(2)イ
(3)ア

考え方　(1)登場人物を整理して解答します。直前にある、「あっ、お父ちゃん！」というごうすけくんの言葉から、この「男の人」がごうすけくんのお父さんであることが分かります。(2)「男の　人」が、「きゅうに　ひとりに　したのに、よく　三日も　るすばんして　くれたな」と言っています。(3)ごうすけくんが「お母ちゃんは？」とたずねると、「男の　人」は「だいじょうぶだ。手じゅつも　うまく　いったよ」と言っていることから、お母さんは病院に入院しているのだと考えられます。そして、ごうすけくんに「あした、びょういんへ、いこうな」と言っていることから、明日二人でおみまいにいくのだと読み取れます。

2
(1)るすばん
(2)①おはぎの　あん・ほとけさまの　口
②ア

考え方　(1)最初の、おしょうさんの言葉を手がかりにします。おしょうさんは、一休や他の小ぞうたちに向かって、「よく、るすばんを　するのだぞ」と言っています。(2)①指示語の指し示す内容は、指示語よりも前にあることが多いので、前の部分に注目します。直前に「一休は、ほとけさまの口に　おはぎの　あんを　なすりつけて」とあります。②最後の一休の言葉に注目します。一休は、帰ってきたおしょうさんに対して、「ほとけさまの　口に　あんが

ついて　いますから、ほとけさまが　食べて　しまったのでしょう」と言っています。おしょうさんも、ほとけさまが食べたと言えば、もんくを言えないだろうと一休は考えたのです。

● 24・25ページ（ステップ2）

1
(1)①ウ
②・すぐ　夜に　なって　しまいます。
・くれかかった　空(を　ながめ)
③ウ
(2)①ウ
②(例)ウサギが　しんでいるように見えたから。

考え方　(1)物語の場面や登場人物、起こった出来事などを正しく読み取って解答します。①・②「このままでいたら、すぐ　夜になって　しまいます」とあることや、「くれかかった　空を　ながめ」とあることから、この場面が夕方であることが読み取れます。(2)①「目をむく」は、怒りやおどろきで目を大きく見開く様子を表す慣用句です。直前の「どうしたんだい。ウサギさん！」という言葉や、その少しあとの「ああ、おどろいた。」という言葉から、驚いた気持ちが読み取れます。②クマのおいしゃさんの「わしは、てっきり　きみが、しんだようだから……」という言葉に着目します。

6　話の　じゅん番を　考える……

● 26・27ページ（ステップ1）

1
(1)①あの日から
②一つ目　イ
二つ目　エ
(2)イ
(3)③→②→⑤→④

考え方　(1)この問題では、ゴロジがいるときの家族の話し合いの様子から、ゴロジがいなくなってからのことという、時間の変化を読み取って、場面分けをします。(2)この物語は、引っ越し先にゴロジを連れていけるかどうかを話し合っている場面から始まります。「ぜったいに　つれて　いくからね」という「ぼく」の言葉や、「ゴロジはわたしたちの　家族ですもの」というお母さんの言葉から、家族のみんなが、ゴロジを引っ越し先に連れていけるかどうか心配していることが分かります。(3)物語は、出来事が時間の流れにそって描かれているとは限りません。読み終わったあと、あらすじを整理することが大切です。③は、この場面よりも前に起こったことです。また、ゴロジについては、まず、家族がゴロジのことで困っていることを知り(②)、次に、迷惑をかけたくないと考え(⑤)、その結果、家を出ていった(④)という流れをとらえます。

ここに注意　場面の変化には、「時間の変化」「場所の変化」「心情の変化」などによる分け方があります。

● 28・29ページ（ステップ2）

1
(1)①学校が
②一つ目　学校　二つ目　家
(2)(例)お母ちゃんが、カレンダーを　見て、明日が　自分の　たんじょう日だと　いった　こと。
(3)ア
(4)(例)お母ちゃんの　たんじょう日のプレゼントを　買うため。

考え方　(1)一つ目の場面は、学校で給食を食べている場面で、二つ目の場面は、学校が終わって家に帰ってきた場面です。つまり、時間と場所が変化しているのです。(2)みどりちゃんが「きょうは　ママの　おたんじょう日」と言ったことをきっかけに、けさ、お母ちゃんが「あっ、あした、わたしの　たんじょう日や」と言ったことを思いだしたのです。(3)あしたお母ちゃんのたんじょう日であることを思いだしたあとで、「なに　買うのん？」とたずねている点に注目します。同じように、お母さんのたんじょう日をむかえたみどりちゃんが、どんなプレゼントを買うのか、聞いてみたくなったのです。(4)その後の「ぼく」の言動を参考にして解答します。「お母ちゃんにプレゼント　買うんやから」と言っている点に注目して解答します。

● 30・31ページ（ステップ3）

❶ (1)「ただ

(2)イ→ウ→ア→エ

(3)(例)大樹が　直人の　大すきな　サッカーせん手の　わる口を　いった　こと。

(4)(例)大樹と　直人が　いつも　いっしょに　あそぶ　なかよしだと　いうこと。

(5)イ

考え方 (1)学校からの帰り道に直人が学校での出来事を思い出している場面と、家に帰ってからの場面に分けられます。特に指示などがない場合、記号なども一字として数えます。(2)大樹と直人の間に起こった出来事を、時間の流れにそって整理します。二人がけんかをして、先生にしかられ、お互いに謝るように言われました。そして、その後、大樹が直人に向かって、けんかの原因は直人だと言ったのです。(3)「そうだ！大樹が、ぼくの　大すきな　サッカーせん手の　わる口を　いったんだ」という部分が、けんかのきっかけです。(4)直前にある、直人の言葉に注目します。「ぼく、家にいるよ。きょうは　大樹とは　あそばないんだ」という言葉に対して、「へえ、めずらしいわね。直人、ひとりで　さびしくない？」と言っています。つまり、いつもは大樹といっしょに遊びに出かけていることが読み取れます。(5)「わざと」という言葉に注目します。つまり、これは直人の本音ではないのです。

7 話題を　読み取る

● 32・33ページ（ステップ1）

❶ (1)イ

(2)空気の　あわ

(3)ウ

考え方 (1)文章全体で何度も出てくる言葉に注意して、全体の話題を読み取ります。(2)冷蔵庫の氷と、冬に池や水たまりでできる自然の氷を比べて説明しています。冷蔵庫の氷は、白いところがあり、自然の氷の方がきれいだと述べています。(3)氷屋さんの氷の作り方の例を通して、どのようにすれば、透明な氷を作ることができるか、説明しています。

❷ (1)ウ

(2)ウ

(3)イ

考え方 (1)全体を通して話題となっていることをとらえます。(2)第一段落で、「風がふくと、大つぶの　雨が　ふって　きたような　音になります。」とあります。この雨のような音がどんぐりの落ちる音であり、それは風が吹いた時に起こります。

● 34・35ページ（ステップ2）

❶ (1)ザリガニの　からだ

(2)①しょっかく・目・口(順不同)

②(例)水を　かき、うしろに　ジャンプして、いどうする　とき。

③(例)きけんを　かんじた　とき。・ほかの　ザリガニと　であった　とき。

(順不同)

④エビ

⑤(例)ザリガニの　ハサミが　カニの　ハサミに　にて　いるから。

(3)ウ

考え方 (1)文章の初めの部分で、「ザリガニの　からだを　しらべて　みましょう」と述べています。(2)①ザリガニの頭についているものについては、第二段落に述べられています。②ザリガニの尾の働きについて述べられているのは、第四段落です。③ザリガニのハサミの使い方について述べているのは、第五段落です。④・⑤「なかま」という言葉を手がかりに本文にあたります。第三段落で、その言葉が使われています。「ザリガニは　カニでは　ありません。エビの　なかまです」とあります。(3)それぞれ、本文と照らし合わせながら確認します。ア「ハサミは 手に ある」とありますが、本文では、「いちばん まえの 足には 大きな ハサミが あります」と述べています。「手」ではなく「足」です。イ「口で いきを する」は、本文で、「水の なかで いきを するための エラ」があると述べています。エ「目は ない」とありますが、本文では、頭に目がついていると述べられています。

ここに注意 (3)記憶に頼らず、一つ一つの内容を本文と照らし合わせて確認していきます。

8 理由を 考える

● 36・37ページ（ステップ1）

❶ (1)エ
(2)2まい・いちまい
(3)エ
(4)ア

考え方 (1)直前に「えらかったわねーえ、だいちゃん」と言っています。だいちゃんの、どんなことについて「えらかった」と言っているのか読み取ります。(2)だいちゃんの「ゆうじくんが、えの しょうじょうと、ねんどの しょうじょうと、……」という言葉を手がかりに解答します。(3)時間の流れに注意して考えます。この時点で、おかあさんは、だいちゃんの絵が入賞して学校でしょうじょうをもらってきたのだと思っています。しかし、だいちゃんが、みょうなことを言うので、その内容を理解できていないのです。(4)ここにきて、おかあさんは、このしょうじょうはだいちゃんがもらったものではないことに気づきました。ただし、だいちゃんは、すなおに友だちのゆうじくんからもらったしょうじょうを喜んで見せているだけで、イのように、おかあさんをだましたり、ウのようにからかったりするような意図はありません。

● 38・39ページ（ステップ2）

1 (1)(例)ロンドンばしの 上に 立って いると いい ことが あると いう ゆめを 見たから。
(2)(例)ゆめを 当てにして ロンドンばしに 立って いる ことが、ばかげた ことだと 思ったから。
(3)ア
(4)エ
(5)(例)いっこくも 早く たからものを 手に 入れたいと 思ったから。

考え方 (1)あとの部分の「男」の言葉を手がかりにしてまとめます。(2)すぐあとの、店の主人の言葉の内容を手がかりにします。男がゆめで見たことを信じて、わざわざロンドンばしまで来ていることをばかにしているのです。(3)直前の「ゆめは ゆめ」という言葉の意味を考えましょう。店の主人は、ゆめで見たことは、あくまでもゆめであって、現実のことではない、と考えているのです。(4)もし、言ってしまったらどうなるかについて考えてみると、答えが導き出せます。(5)「とんでかえる」は大急ぎで帰ることを表します。一刻も早くたからものを手に入れたいという気持ちがあったのです。

● 40・41ページ（ステップ3）

❶ (1)鳴き声
(2)①(例)カエルの 鳴き声の ちがいなど どうでも いいと いう 考え。
②(例)カエルの メスは、オスを 鳴き声で えらぶから。
(3)エ
(4)(例)すばらしい 声の オスが その 田んぼに いて、メスが 集まって きたから。
(5)エ

考え方 (1)何度も出てくる言葉に注目して考えましょう。カエルの鳴き声について、説明している文章です。(2)①何が大まちがいなのかを考えて整理します。「どのような考えの ことか」と問われているので、文末は「〜考え」などとします。②同じ段落の最後の文に「なぜならば……からです」と理由を表す表現があることに注目します。(3)ある日の夜、オスとメスの組みになったアマガエルを探しても見つからなかったのに、あきらめそうになったとき、最後に見た田んぼに4組ものペアがいたことのおどろきを表現している言葉を選びます。(4)すぐあとに、「……のでしょう」と、筆者がその理由を考えている表現があります。

ここに注意 (5)実験の内容を正しく読み取って、どのようなことを明らかにしようとしているのか考えます。

9　気持ちを　読み取る

• 42・43ページ（ステップ1）

❶ (1)イ
(2)①だめ(なの)　②ウ

考え方 (1)ひろ子のノートに、「五日かんのあさばんの　メニューと、いつ　なにをかうのか」がきちんと書かれているのを見て、「おにいちゃんでは　だめなの」と言われてもしかたのないほど、しっかりした内容であることに驚いているのです。「目をぱちくりさせる」は、驚きなどの気持ちを表す表現です。(2)直前の「おにいちゃんではだめなの」という妹の言葉に腹を立てましたが、(1)で見たように、そう言われてもしかたのない内容だったので「なにも　いえません」と述べているのです。

❷ (1)①エ　②ア　③オ　④ウ　⑤イ
(2)ア

考え方 (1)それぞれ、前後の内容を参考にして気持ちを読み取り、それにふさわしい言葉を入れていきます。①おじいさんからマッチばこをもらい、「これが、たんじょう日の　プレゼントなの？」という言葉などを手がかりに、がっかりした様子を読み取ります。②おじいさんがマッチばこについて説明してくれても、興味を持てない様子をとらえます。③直前に「むかしを」とある点に着目して解答します。④ドラゴンマッチのひみつを聞いて、驚いている様子をとらえます。⑤おじいさんが笑う様子を表す言葉を選びます。(2)傍線部のあとで、きいくんがマッチばこを見つめ、それをおじいさんが笑いながら見ていることに注目します。

• 44・45ページ（ステップ2）

❶ (1)(例)みんなに　注目されて、きんちょうする　気持ち。
(2)イ
(3)イ
(4)ア
(5)(例)みごとに　けんだまを　せいこうさせた　まい子を　ほめたたえる　気持ち。

考え方 (1)気持ちの説明をするときは、きっかけとなる出来事と、心情を表す言葉を用いてまとめます。直前に「みんなの　目が、まい子に　あつまりました」とあります。これは、みんながまい子に注目している様子を表します。(3)直後に、「それでも……じぶんを　はげましながら」とあるので、傍線部では、緊張が高まっているような気持ちであったことが分かります。(4)周囲の声が聞こえなくなるほど、けんだまに集中しているのです。(5)気持ちの変化のきっかけと、気持ちを表す言葉を用いて解答を作成します。

10　せいかくを　とらえる

• 46・47ページ（ステップ1）

❶ (1)①エ　②イ
(2)ウ
(3)ア
(4)ウ

考え方 (1)①すぐあとに、「読んでた　本が、ちょうど　いい　とこだったからだ」とあります。本の続きが読みたくて、いいかげんなへんじをしたのです。②ねえさんとの約束よりも、自分の楽しみを優先させる様子から、わがままな性格が読み取れます。

そのほか、最後の一文からも、わがままで自分勝手な様子が読み取れます。(2)きれいさっぱりと忘れてしまった様子を表す言葉です。「すっかり」も同じような意味を表します。(4)妹の視線で見れば、ねえさんは、えらそうにしている人ととらえられますが、客観的に判断すると、いそがしいお母さんのために、進んでお手伝いをする、母親思いのやさしい子どもであると判断できます。

ここに注意 (3)直後にある、「ねえさんのいうとおり」という部分に注目します。

● 48・49ページ（ステップ2）

1 (1)ア
(2)ア
(3)エ
(4)イ

考え方 (1)直後に「たつおも　ほっと　します」とある点に注目します。学校になれて、たのしく過ごしていると聞いて、お母さんは安心して「ほっと」していたのです。(3)がんばって返事をしようとするたつおの様子を見て、それを応援しようとしている様子から、性格を読み取ります。(4)学校での場面を読むと、たつおは、返事ができないなど、まだ学校に慣れているとは言えません。「たつおは、あごを　上から下に　さげて」という表現は、学校に慣れたかとたずねる母親に対して、うなずく様子を表しています。ここから、おかあさんを安心させようとするたつおのやさしい性格を読み取ることができます。

● 50・51ページ（ステップ3）

1 (1)(例)鈴木さんに、とつぜん　自分と　おわかれだと　いわれたから。
(2)イ
(3)(例)都会で　くらすと　いう　きつねを　しんぱいする　気持ち。
(4)①(例)都会を　はなれ、さびしい　山で　たった　ひとりで　くらす　こと。
②ア

考え方 (1)すぐ前の、鈴木さんの言葉がきっかけです。「とうとう、おまえさんとも　おわかれだよ」と急に言われて、おどろいているのです。(2)この場所に住めなくなったきつねが安心して暮らせるように、山へ連れていってやろうとする鈴木さんの様子から考えます。(3)きつねのためには山で暮らすのがいいと思い、都会に暮らしたいと言い出した、きつねの今後の生活を心配しているのです。(4)①前の部分で、きつねが何と言っているか読み取ります。「さびしい　山で、たったの　ひとりぼっちに　なるのは、いやなのです」と言っています。②きつねは鈴木さんに親しみをおぼえていますが、自分を思いやってくれる鈴木さんの言葉に対しても、自分の意見を貫こうとしています。そうした様子から、かたくなな性格であることが読み取れます。

11 物語を読む (1)

● 52・53ページ（ステップ1）

1 (1)ウ

考え方 (1)「そうだ!　ねこばあなら、きっと　わかるはず」とあります。何が分かるのかといえば、たつまき・ゆうじろうというねこの居場所のことです。ねこばあのことを思いつくまで、どうやってゆうじろうを探せばよいのか分からず、「こまったなあ」と言ったのです。

2 (1)いたく　ない・ないて　いる（同じような内容であれば正解）
(2)①ないた・宮辺かおり
②イ

考え方 (1)「おかしいな」の直後に、「いたく　ない　はずなんだけどな」と、あります。痛くないはずなのに、痛いような反応をしているから「おかしい」と感じているのです。つまり、「ぼく」が泣いていることを指しているのです。(2)①直後に、「ぼくがないたの、あいつに　見られちゃったじゃないか」とあります。②同じクラスの宮辺かおりについて「クラス一　おしゃべりだから、あした　ぜったい　一組じゅうの

うわさに　なる」と述べています。

❶ ・54・55ページ（ステップ2）

(1)たね・五ひゃくえん
(2)あきれた
(3)エ
(4)おもいで・たのしく
(5)ウ

考え方　(1)おかあさんは、はるえに五百円をわたしていました。はるえがたねを一つぶしか買っていないと聞いて、おつりがあると思うということは、一つぶのたねが五百円もするわけがないと考えているということです。(3)文句を言う様子を表す言葉です。「ぶつぶつ」が当てはまります。(4)「おもいでのたね」が育つとどうなると書かれているかに着目して解答します。「いろんなことを　おもいだして、たのしく　なるんだって」とあります。おかあさんにたのしい思いをしてほしいと、買ってきたのです。(5)(4)で見たように、おかあさんにたのしい思いをしてほしくて買ってきたのに、もんくを言われてくやしい気持ちになっているのです。

12　物語を読む（2）

❶ ・56・57ページ（ステップ1）

(1)ブルブル・ライオン
(2)イ
(3)ア
(4)ウ

考え方　(2)直後に「あいつは、やっぱり　しゃべっちまうだろうな」とあります。少し前に「ネズミが　みんなに　しゃべっちまった」とあることから、「あいつ」が、ネズミのことだと分かります。物語の冒頭に、ネズミがしゃべってしまった内容が書かれています。(3)ネズミが秘密をしゃべったために、「みんなで　おれを　わらいものにしてる」と考え、「あんな　やつ、くっちまえば　よかった」と考えています。つまり、王さまはネズミに対して腹を立てているのです。(4)最後の部分で、「おじやをかくす　ひまも、おそろしい　顔を　つくる　ひまも　あった　ものじゃ　ない」とあります。つまり、ブルブルは、王さまらしくない自分のことをみんなに見られたくなかったのです。

ここに注意　(1)物語文では、登場人物を整理して、あらすじを読み取ることが大切です。

❶ ・58・59ページ（ステップ2）

(1)ウ
(2)ア
(3)かんたん
(4)(例)もりもり　たべる　こと。
(5)(例)大きくなる　ほうほうが　わかって　よろこぶ　気持ち。

考え方　(1)「それくらい」のあとには、「かまわない」というような内容が補えます。大きくなるためには、犠牲をはらっても構わないという意味です。その犠牲とは、直前にある「いのちを　はんぶん　くれるなら」という部分です。(5)最初に「はやく大きく　なりたいなあ」というヘビの気持ちが述べられています。ゾウからアドバイスをもらって、うれしくなっているのです。

ここに注意　(2)・(3)オウムとヘビの会話の流れを読み取って解答します。(4)その後の、ゾウの言葉を手がかりにして考えます。

13　物語を読む（3）

❶ ・60・61ページ（ステップ1）

(1)①いたずら　②イ
(2)ウ
(3)イ

考え方　(1)①ウベベが考えていることと、マッシーラが考えていることを区別して読み取れるようにします。「また　なにかいたずらを　する　つもりで　ついてきたんだろう」とウベベはマッシーラに向かって言っています。②①で見たように、ウベベとマッシーラの考えている内容の違いに注意して読み取ります。「ゆうびんをたのみたいからだよ」とマッシーラは言っています。(2)こっそりついてきたつもりなのに、急にウベベが目の前に現れたときの気持ちを考えます。直後の「目を　パチパチ　させながら」という部分からも、驚きあわてる様子が読み取れます。

ここに注意 (3)実際にはヌーボーは、「いじわる」でも「らんぼうもの」でもありません。エとしないよう注意します。

●62・63ページ（ステップ2）

1 (1)(例)良男が　手に、ぐったりとした子ダヌキを　もって　いたから。
(2)(例)ハチの　ちちを　子ダヌキに　のませるため。
(3)ウ
(4)(例)何とか　ハチが　子ダヌキに　ちちを　のませてくれるよう　ねがう　気持ち。

考え方 (1)直前の「目を落として」は、視線を下のほうに向けたという意味です。帰ってきた良男の手に、死にそうになった子ダヌキがいたので、驚いたのです。「理由」を問われている問題では、「……から」「……ため」「……ので」などの文末にします。(2)良男の「ハチの　ちちで　育てられないかと　思って」という言葉を手がかりに考えます。その後の良男の行動も手がかりとなります。(3)直前に「さからわないのではなく」とあります。逆らおうとしても逆らえない状態になったのだと考えられます。(4)直前の「いのるような　気持ち」という部分を手がかりに解答します。

●64・65ページ（ステップ3）

1 (1)(例)もうじき、おねえちゃんに　なるので、ちいさい　子ようの　いすに　すわらなくて　いいから。
(2)(例)ふわふわの　大きな　耳と、ぴょんと　たった　しっぽの、ぬいぐるみの　子ジカ。
(3)イ
(4)エ
(5)ア

考え方 (1)「あら、でも、ネムは　まだ　ちいさいんでしょ。あゆみはね、もうじきおねえちゃんに　なるの。だから、このおっきい　いすに　すわっても　いいの」というあゆみの言葉を手がかりに解答します。(2)ネムについて、「ネムは、ふわふわの大きな　耳と、ぴょんと　たった　しっぽの、ぬいぐるみの　子ジカです」とあります。(4)すぐあとにある、「目を　まるく」するのはどんなときか、考えて答えます。(5)「あゆみと　ネムは　いつも　いっしょ」だったのに、いっしょにすわらせてくれないというので、つまらないと感じているのです。

14 せつ明文を　読む (1)

●66・67ページ（ステップ1）

1 (1)イ
(2)①ウ　②メス

考え方 (1)植物の葉がしげる時季なので、夏です。また、この文章の話題の中心が、夏鳥であることも手がかりとなります。(2)①第二段落の内容を手がかりにします。「こん虫など、えさの　多い　きせつを　日本で　すごす　ため」とあります。②「そのさえずりは、メスを　よぶ　オスたち　じまんの　うたごえでも　あるのです」とあります。

2 (1)エ
(2)ウ
(3)色・このみ

考え方 (1)設問文の「いちばん　すきな　花」という指示を見落とさないように気をつけます。「なかでも　黄色い　花が　すきなようです」とあります。(2)直後に、「ですから……赤い　花に　よく　あつまります」という内容を手がかりにします。(3)直前に「……ので」という、理由を表す表現があります。「チョウの　花の　色の　このみが　ちがう」ために、チョウが集まる花がちがい、みつあらそいが少なくなっているというのです。

1 ●**68・69ページ（ステップ2）**
(1)エ→ア→ウ→イ
(2)①（じぶんが　でて　きた）たまごの　から
②（例）よう虫に　とって　たいせつな　よう分が　ふくまれて　いるから。
(3)エ
(4)①黄色
②（例）キャベツなどの　緑の　葉を　食べて、体が　緑色に　なるから。
(5)（例）体が　おおきく　なり、きゅうくつに　なった　ふるい　皮を　ぬいで、あたらしい　おおきな　皮に　かえる　こと。

考え方　(1)第二・三段落の内容を手がかりに解答します。「はじめは　うすい　黄色」ですが、「そだつに　つれ、こい　黄色に　かわり」、「さいごは　だいだい色に　なります」。さらに、成長すると「たまごの　さきが　すきとおって」くるという流れを読み取ります。(2)第五段落に、「いまじぶんが　でてきた　たまごの　からを　たべはじめる」とあり、第六段落に、その理由を「たまごの　からには　よう虫に　とって　たいせつな　よう分が、ふくまれて　いるから」と述べています。(4)第七段落に、「体は　黄色い」とあります。それが、「緑の　葉を　たべて　そだつに　つれて、体の　色も　緑色に　かわって」くるので、アオムシになると説明されています。「青葉」「青虫」など、実際は緑色のものをそう呼びます。(5)最後の段落の内容を整理してまとめます。

ここに注意　(3)このあと、「アオムシ」という名前の由来に、話題が変化していることに注目します。

15 せつ明文を 読む (2)

1 ●**70・71ページ（ステップ1）**
(1)①ア　②そくせき　③ウ
(2)①一　②めん・どんぶり・お湯

考え方　(1)第一段落で、「インスタント」の意味が説明されています。また、第二段落で「インスタントラーメン」と同じ意味で、「即席（すぐできること）ラーメン」という言葉が使われています。ここから、「インスタント」と「そくせき」が同じ意味であることが分かります。(2)①チキンラーメンが発売されたのは、一九五八年です。天皇と皇后の結婚式のパレードが中継され、チキンラーメンのコマーシャルを多くの人が見て、売れ始めたのは翌年の一九五九年です。②チキンラーメンのつくり方は、第二段落で説明されています。「めんを　どんぶりに　いれて、お湯を　かけるだけ」です。③最後の三つの段落の内容を整理して読み取ります。多くの人が見た、天皇と皇后の結婚式のパレードの放送でながれた、チキンラーメンのコマーシャルで広く知られるようになりました。アは、天皇と皇后がめしあがったとは書かれていないので不正解。イは「いろいろな　しょうひんのコマーシャル」が流れても、チキンラーメンが売れる理由にならないので不正解。エは天皇と皇后の結婚式への参加者が食べたという記述はないので誤りとなります。

1 ●**72・73ページ（ステップ2）**
(1)ふかさ
(2)①（例）海の中の、ふかさ　200メートルの　ところ
②（例）だいぶ　くらく　なって、まん月の　よると　おなじくらいの　明るさ。
③タカシアガニ・キンメダイ
(3)ア
(4)マリンスノー（海の雪）
(5)ウ

考え方　(1)一つ目のまとまりでは、「太陽の光が　さしこむ　あかるい　海」の様子が説明され、二つ目のまとまりでは、「ふかさ　200メートル」の海の様子を説明しています。(2)①同じ段落のはじめの部分に

「ふかさ 200メートル」とあります。これだけでは、どこのことか分かりませんから、「海」の中であることを付け加えて説明します。②問題文では「明るさ」となっていますが、本文中では「くらさ」という表現で、ふかさ200メートルの海の中の明るさを説明しています。③「プランクトン」はすでに死んでいるので、ここにすんでいる生き物としては不適当です。⑶直前に「赤い 色が きれい」と述べていますが、あとの部分で「黒にしか みえません」と逆の内容が書かれています。ですから、逆接の「でも」が入ります。⑷設問文で何を問われているのか確かめます。『これ』とは何をさしますか」とあれば、「（まるで雪のように しずかに ふる）白い つぶつぶ」と、指示語の指示内容を解答します。しかし、ここでは、「これ」が「何と よばれていますか」と問われているので、「マリンスノー」が正解となります。⑸ア「海藻は 大きく そだつ」のは、ふかい海ではなく、太陽の光のさす明るい海です。イ「白い 雪が ふって いる」とありますが、実際には雪ではありません。エ「さかなの目では 黒く 見える」が誤りです。赤い色は水の中で黒く見えると述べているのです。

16 手紙・生活文を 読む ………

● 74・75ページ（ステップ1）

❶ ⑴・いつ　先週の　日曜日
・何を　ちいきの　せいそう活動
⑵イ
⑶ウ

考え方 ⑴第一段落で、いつ、何をしたのかについて説明されています。⑵第二段落で「いちばん たいへんだったのは、……」と説明されます。⑶話題の中心になっていることが何かを考えます。せいそう活動に参加したことについて述べられた作文です。

❷ ⑴ウ
⑵魚つり・名人
⑶（例）つりの　しかたを　教わりたい。
⑷イ

考え方 ⑴手紙文のはじめには、ア、イ、エのような内容は書きません。相手の安否を確認する内容を書きます。⑶「……たいと思っています」という希望を表す表現が使われています。

ここに注意 ⑷結びのあいさつへと、話題が変わっていることに着目します。

● 76・77ページ（ステップ2）

❶ ⑴・いつ　先週の火曜日
・どこへ　リサイクル工場
・何を　工場見学
⑵（例）（わたしは、）係の　人に　教えてもらいました。
⑶（例）しっかり　しゅるいごとに　分けること。

考え方 ⑴第一段落で、いつ、どこへ、何をしに行ったのかについて説明されています。⑵受身の形にしてまとめます。

ここに注意 ⑶「大切な　ことは……」という部分に注目して解答します。

❷ ⑴がっしょうコンクール
⑵（例）ちゅう車場が　ないので、電車や　バスを　使って　来る　こと。
⑶（例）その　せいかを　見てほしいと思います。
⑷イ

考え方 ⑴手紙の最初の部分で、説明されています。⑶ほかの文は「……です」「……ます」という敬体で書かれていますが、この部分だけちがっています。ほかにそろえて、敬体にします。⑷コンクールが終わる時間だけ書かれているので、何時に行けばいいのか分からない内容になっています。

● 78・79ページ（ステップ3）

❶ ⑴ウ
⑵（例）ひるごろの　ヒマワリの　花を

見ても、どれも、朝と　おなじ　向きに　なって　いるから。
(3)ア
(4)(例)光の　くる　ほうに　のびて　いく　せいしつ。
(5)(例)ヒマワリの　なえが、太陽の　ほうを　向いて　いるか　どうか。
(6)(例)太陽が　のぼる　ほう
(7)(例)（ヒマワリは　太陽を　おって　うごかないが、）ヒマワリの　なえは、太陽を　おって　うごくと　いう　こと。

考え方　(1)すぐあとに、「……なら」とある点に注目します。(2)直前の一文の内容を手がかりに解答します。(3)前の段落で、ヒマワリは　『太陽に　ついて　まわる　花』では　ない」と述べて、あとの段落で、「草や　木は　光の　くる　ほうに　のびて　いく　せいしつが　あります」と、相反する内容が続いています。(4)「ヒマワリにも」と述べていることから、この性質はヒマワリだけでなく、ヒマワリが属している植物がもっている性質だと分かります。(5)何を調べるための観察なのか考えて解答します。(6)「東」と「西」が反対の方向であること、ヒマワリの苗が太陽を追って動いていることを読み取って考えます。(7)ヒマワリのどのような点について説明しているのか、読み取って解答します。

17 詩を読む(1)

● 80・81ページ（ステップ1）

❶ (1)ア
(2)イ
(3)コップ

考え方　(1)「コップを／めの上まで　もって　いくと」とあります。視線の先にある「大きな山」が、コップを通して見えているのだと読み取れます。(2)「そのコップの水」とは、「あの大きな山」がはいってしまったコップの水です。そして、その直後に「いまにプロレスラーのように／大きくて強くなれるかな」という希望が述べられていることから、「大きな山」までも飲んで、大きく成長したいと願う子どもの気持ちが読み取れるのです。(3)詩の中で中心となる話題をみつけて解答します。どの表現が比喩なのか、見極めることが大切です。

ここに注意　詩のテーマを読み取って解答します。コップの水を飲むときの、気持ちを中心に読み取りましょう。

❷ (1)ウ
(2)エ
(3)ア

考え方　(1)「風」や「水たまり」という言葉だけに注目すると、寒々しい印象を受けるかもしれませんが、第三連で、「青空が光って　いる」、「ももの　花が　ゆれて　いる」などから、春のおとずれを読み取ることができます。「水たまり」は、雨上がりと読み取ることもできますが、詩全体の内容から、春がおとずれ、雪が解けてできたものとみると、子どもたちが春を喜び、元気に外をかけまわる様子が想像できます。(3)(1)で見たような手がかりから、春がおとずれた土地の情景を描いた詩だと読み取れます。

● 82・83ページ（ステップ2）

1 (1)①(例)ストローを　十本　つなげたもの。
②ジュースの　エレベーター
(2)ア

考え方　(1)①第二連に、「はつめい」したものの様子が描かれています。②最後の一行で、ママに向かって発明品の名前を言っています。

ここに注意　(2)この詩は、七音と五音の表現を組み合わせているため、音読するとリズム感が感じられます。こうした音数に決まりのある詩を「定型詩」といいます。

2 (1)①(例)向こうの　山の　上。
②大きな　七色の　橋
(2)(例)セミが　ないて　いる　様子。

(3)イ

考え方 (1)第三連に、虹が出ている場所と、比喩を使って「虹」を表現した言葉があります。(2)セミの鳴き声を「歌」にたとえて表現しています。このように、人ではないものを、「歌う」というように、人のように表現する技法を「擬人法」といいます。(3)詩の一行目にある「おおい」などの言葉や、詩の内容を参考に考えます。きれいな虹を見つけた作者は、みんなにも見てほしくていろいろなものに教えているのです。よって、よびかけるように読むと判断します。

18 詩を読む(2)

●84・85ページ（ステップ1）

❶ (1)ア
(2)ア
(3)おいのり（「おねがいごと」も正解）

考え方 (1)「十も　おねがいごと」をしたことについて、第二連で、「みんなは　とてもだめなら／半分でも／いいえ　二つでも／一つでもよろしいのです」と述べている点に注目して考えます。自分のおねがいごとが、むしがよすぎると考えたのです。(2)「半分でも」「二つでも」「一つでも」は、それぞれ、「おねがいごと」をかなえてほしいという意味を表しています。(3)詩の題名や第一連の内容を手がかりにして考えます。

❷ (1)ア
(2)ウ
(3)ウ

考え方 (1)直後に「りゅうの　歯　と／とりかえておくれ」とある点に注目します。「りゅうの　歯」は、「りゅう」のようにじょうぶな「歯」というたとえであると考えられます。(2)第一連で歯を「ほうりあげる」様子が描かれています。また、第一連で「びろうどの　そら」と表現されていることから、「あおい　びろうど」は、そらを表していることが分かります。(3)そらにむかってほうりあげた歯が、どこにあるのかを読み取ります。家のやねの上を「かみさまの／つくえの　うえ」と表現しているのです。

●86・87ページ（ステップ2）

1 (1)(例)しっぽを　すごい　はやさで　ふって　いる　様子。（「あえた　ことを　とても　よろこんで　いる　様子」という内容でも正解）
(2)イ
(3)うさぎの　耳が　ぴんと　立って　いる　様子。
(4)どうぶつ

考え方 (1)しっぽを素早く振る様子を表しています。ここから、犬がとても喜んでいる様子ととらえることもできます。(2)猫の様子を思い浮かべて考えます。「ゴロゴロ」という音から、「ちいさなカミナリ」と表現しているのです。(3)「キオツケ」は、兎の耳を、人間が、まっすぐに立つ様子にたとえて表現しているのです。(4)前の行と対応させて考えます。三種類の動物が出ているので、「犬」や「猫」「兎」など、個別の動物の種類を表す言葉は入りません。

2 (1)(例)おしっこを　もらして　しまうこと。
(2)(例)トイレ（同じような内容であれば正解）
(3)(例)今にも　おしっこが　もれて　しまいそうな　様子。
(4)イ
(5)イ

考え方 (3)「そおろそろ」は、動作をゆっくり行う様子です。「タンク　まんタン」なのに、ゆっくりトイレに行くことから、はげしく動いたらもらしてしまいそうなほど、おしっこがしたいのだという様子が読み取れます。(4)あとの部分から、冷たい飲み物であることが分かります。また、第一連と音数がそろえられていることから、「ぎゅうにゅう」ではなく、「みず」だと分かります。(5)(4)で見たように「のんだ　ときには／みずだった」ものが、何になって出てきたのか考えます。

ここに注意　(1)・(2)題名から、詩全体の内容を読み取り、たとえの意味を読み取ります。

● 88・89ページ（ステップ3）

❶ (1)ウ
(2)(例)勉強するのが　つらく　なって　しまった　とき。
(3)エ
(4)イ
(5)(例)北風に　ふかれて、さむさで　こごえる　様子。
(6)イ
(7)苦しい・悲しい(以上順不同)・こぶし・にぎりしめる

考え方　(1)人間以外のものを人間のように表現する「擬人法」を用いています。「苦しみや悲しみ」が、「ぼくからにげてゆく」とは、ぼくが「苦しみや悲しみ」を感じなくなる、すなわち、それらに打ち勝つ様子を描いているのです。(2)第一連の「苦しみや悲しみ」の具体的な例の一つです。勉強をしていて「苦しみや悲しみ」を感じる、つまり、勉強するのがつらいと感じる様子です。(3)第一連や、第三連で、こぶしをぐっとにぎりしめることで、苦しみや悲しみに打ち勝っている様子が描かれています。ここでは、勉強のつらさに打ち勝つ様子が当てはまります。ア〜ウは、勉強する様子ではないので誤りとなります。(4)風のふく様子を表すのは、イ「ピューピュー」と、ウ「ソヨソヨ」ですが、ウは強い北風のふく様子は表しません。(5)北風がふいて、苦しさを感じる様子をイメージして考えます。(6)「くやしそう」は、「ぼく」の視点から描かれている心情表現です。見事に寒さに打ち勝つことができた「ぼく」のほこらしい気持ちが、このような表現につながっているのです。

ここに注意　(7)各連の内容について、その共通点を考えて解答します。

そうふくしゅうテスト ①

● 90・91ページ

1 (1)ウ
(2)エ
(3)(例)カナヘビを　早く　西岡くんに見せたかったから。
(4)(例)クラスの　みんなや、先生に　カナヘビが　見つかったら　たいへんだから。
(5)ウ

考え方　(1)西岡くんは、ともみがサッカーにさそっても下をむいていたり、話しかけてもはずかしそうにしたりするだけです。そうした様子から、西岡くんの性格を読み取り、ふさわしい言葉を選びます。ア「いらいら」は、いらだっている様子、イ「じりじり」は、怒っている様子、ウ「もじもじ」は、はずかしくてはっきりした態度を取れない様子、エ「くらくら」は、めまいなどでたおれそうな様子を表します。(2)ともみが、カナヘビを学校にもっていくきっかけを読み取る問題です。何を言ってももじもじしている西岡くんが「どうぶつ」がすきだと聞いて、ともみはカナヘビを見せようと思ったのです。(3)あとの部分にも、「ともみは　ランドセルを　しょったまま」とある点にも注目します。ともみは、走って学校に向かい、ランドセルをしょった　まま、西岡くんに「ほら、これ、見て」と言っています。一刻も早く西岡くんにカナヘビを見せたいと思っていたのです。(4)すぐあとの部分に「カナヘビの　こと、先生にもみんなにも、見つかったら　たいへんだ」とあります。(5)結果として、西岡くんをびっくりさせることになりましたが、ともみには悪意はありません。転校してきて、クラスになじめない西岡くんのため、あれこれ話しかけたり、カナヘビを持ってきたりしているのです。

● 92・93ページ

2 (1)イ

(2)(例)はや、木の みきから 出る しる、花の みつや 花ふんを 食べる 虫。

(3)エ

(4)①(例)クリの 木の はを 食べる 虫が ふえて はを ぜんぶ 食べて しまい、クリの 木が かれ、生き物も 生きていけなく なる こと。

②(例)はを 食べる 虫が ふえると、その 虫を 食べる 虫や 小鳥が 虫を 食べて しまうから。

(5)ウ

考え方 (1)クリの木の葉や樹液、花粉などを食べる虫だけではなく、それらを食べる生き物にとっても「しょくどう」なのです。その意味を理解して解答します。(2)指示語が指し示す内容は、すぐ前にあることが多いので注意します。(3)クリの木に集まる生き物を並べて紹介しているので、「また」が入ります。(5)一つ一つの選択肢について、本文と照らし合わせて解答する習慣をつけます。アは「小鳥」、イは「実」が誤り。エのような内容は本文には書かれていません。本文に書かれていないことは、本文の内容と合わないと判断します。

ここに注意 (4)②すぐあとに「……からです」と、理由を表す表現が使われている点に注目します。

そうふくしゅうテスト ②

● 94～96ページ

1 (1)①ア ③イ ④エ ⑥ウ

(2)(例)日よう日に おとうさんと どこかへ お出かけする こと。

(3)(例)つかれている おとうさんを 気づかう やさしい せいかく。

(4)①ア ②エ

(5)(例)おとうさんと 出かけたいと いう 思いが つたわらず、かなしむ 気持ち。

考え方 (1)①は、ゆうえんちにつれていってもらう子どもの気持ちを読み取って解答します。③は、直後の「ふくれながら」という表現から考えます。④は、ドアをらんぼうにしめる様子を読み取って答えます。⑥は、おとうさんを起こそうとふとんをたたく様子を表す言葉を解答します。(2)物語全体から、たくやの思いを読み取って答えます。(3)いもうとのはるなも、たくやと同様にさびしい思いをしていると考えられます。そんな中、たくやとちがい、自分の気持ちをおさえておとうさんを休ませようとする様子から、やさしい気持ちが読み取れます。(5)最後のたくやの言葉から、自分の思いが伝わらず悔しく思っているたくやの気持ちを読み取ります。

ここに注意 (4)②「正しくない もの」という指示を読み落とさないように注意します。